연세 한국어 1-2

연세대학교 한국어학당 편

연세대학교 출판문화원

연세 한국어 1-2(영어판)

편저자 연세대학교 한국어학당 교재편찬위원회
집필진 김미옥·황인교·손은경·이수민
발행 연세대학교 출판문화원

주소 서울시 서대문구 연세로 50
전화 02) 2123-3380~2
팩스 02) 2123-8673
ysup@yonsei.ac.kr
http://www.yonsei.ac.kr/press
등록 1955년 10월 13일 제9-60호
인쇄 동국문화(주)
삽화 디투웍스
녹음 (주)반도음반
성우 곽윤상·윤미나·전광주·홍소영

2013년 3월 5일 1판 1쇄   2023년 11월 10일 1판 11쇄
ISBN 978-89-97578-66-5(08710)
ISBN 978-89-97578-64-1 (세트)

값 20,000원(CD포함)

PREFACE

Having the highest reputation in Korean language education for over 50 years, the Korean Language Institute of Yonsei University Language Research and Education Center has compiled a large quantity of textbooks to enhance the quality of Korean language education. Foreigners around the world, as well as Koreans living abroad have shown an increased interest and demand for the Korean language. Likewise, the needs of students have become more diverse. Therefore, the Korean Language Institute of Yonsei University Language Research and Education Center has published a new set of textbooks for various learners to acquire the Korean language and knowledge of the Korean culture.

The textbooks published by the Korean Language Institute are classified into three parts: 'Yonsei Korean 1' and 'Yonsei Korean 2' for beginners, 'Yonsei Korean 3' and 'Yonsei Korean 4' for intermediates, and finally 'Yonsei Korean 5' and 'Yonsei Korean 6' for advanced learners. Each book is aimed towards developing required communicative functions based on the learners' level of ability in Korean.

This set of 'Yonsei Korean' is an integrated collection of various tasks and activities, as well as focused practice of vocabulary and grammar. These activities enhance all of the four communicative skills: listening, speaking, reading and writing. The topics and situations discussed in the textbooks will enable learners to perform a wide range of communicative functions using the Korean language.

We strongly believe 'Yonsei Korea' to be a valuable tool for all potential learners hoping to master the Korean language, as well as for students currently enrolled in the Korean Language Institute of Yonsei University Language Research and Education Center.

Yonsei University Language Research and Education Center
Korean Language Institute
Compilation Committee

일러두기

- '연세 한국어 1'은 한국어를 배우려는 성인 교포와 외국인을 위한 기초 단계의 책으로 초급 단계에서 꼭 알아야 할 주제를 중심으로 썼으며 이와 함께 필수적인 어휘와 문법, 문화와 사고방식을 소개함으로써 한국에 대한 이해를 넓히고자 하였다. 내용은 총 10개의 과로 이루어져 있으며, 각 과는 4개의 항으로 이루어져 있다.

- '연세 한국어 1'에는 8명의 주요 인물들이 등장하며 이들 등장인물들의 일상생활을 중심으로 본문의 대화 내용을 구성하였다.

- 교재의 구성은 과 제목과 함께 과의 내용을 제목 밑에 표로 제시하였는데, 표에는 각 항의 제목과 어휘, 문법, 과제, 문화를 제시하여 각 과에서 다룰 내용을 한 눈에 알아보기 쉽게 하였다. 그리고 마지막 항은 복습에 해당하는 항으로 '정리해 봅시다'라는 이름으로 그 과에서 다룬 어휘와 문법, 기능 등을 복습할 수 있도록 하였으며 '읽어 봅시다'에서는 본문에 나오는 대화 중 발음이 어려운 문장을 항마다 한 개씩 선정하여 연습할 수 있도록 하였다. 문화 부분은 각 과의 내용과 관련된 내용으로 과마다 2개 정도의 내용을 선정하여 ' 임스가 본 한국'이라는 이름으로 외국인의 눈에 비친 한국의 문화를 가볍게 설명하는 식으로 다루었다.

- 각 과는 제목, 학습 목표, 삽화와 도입, 본문 대화, 어휘, 문법 연습, 과제, 문법 설명, 대화 번역, 듣기 지문의 순서로 구성되어 있다.

- 각 과의 제목은 주제에 해당하는 명사로 제시하였으며, 각 항의 제목은 본문 대화 부분에 나오는 주요 문장으로 제시하였다.

- 학습 목표에는 학습자들이 학습해야 할 의사소통 기능과 문법, 어휘를 제시하였다.

- 본문 대화는 각 과의 주제와 관련된 가장 전형적이고 대표적인 대화 상황을 설정하고자 노력하였으며 대화 전에 대화 상황을 지문으로 간단히 설명하였다. 1과부터 3과까지는 학습자의 부담을 최소화하고자 4개의 문장, 2개의 대화로 구성하였고 4과부터는 6개의 문장, 3개의 대화로 구성하였다.

- 어휘는 각 과의 주제나 기능과 관련된 어휘 목록을 확장 제시하였으며, 과제에 나오는 새 단어는 과제 밑에 따로 구분하여 제시하였다. '연세 한국어 1'에서 다룬 단어는 약 995개 정도이다.

- 문법 연습은 각 과에서 다루어야 할 핵심 문법 사항으로 각 항마다 2개 정도를 기본으로 간단한 연습 문제와 함께 제시하였으며 문법에 대한 설명은 문법 설명에서 제시하였다.

- 과제는 학습 목표에서 제시한 의사소통 기능에 부합되는 것으로 각 항마다 2개 씩 제시하였는데 과제 간의 연계성을 염두에 두고 구성하였으며, 말하기, 듣기, 읽기, 쓰기의 네 기능을 적절히 제시하되 초급 교재인 만큼 말하기와 듣기의 비중을 높게 구성하였다.

- 각 항의 마지막 부분에는 대화 번역문과 문법 설명을 제시하였다.

- 문화는 각 과의 끝 부분에 실었는데 제임스가 한국의 문화를 간단히 설명하는 식으로 썼으며 실제로 할 수 있는 것은 간단히 해보게 하였다. 또 자기 나라의 문화와 비교해 보거나 자신의 경우를 말하게 하는 등 지식에 그치지 않고 적용해 볼 수 있도록 하였다.

- 색인에서는 각 과에서 다룬 어휘를 가나다 순으로 정리하였으며 본문에서 제시된 항을 함께 제시하였다.

INTRODUCTION

- 'Yonsei Korean 1' is a basic level textbook for foreigners and overseas adult Koreans. It is composed of ten units. Each unit contains five lessons. Its goal is to deepen learners' understanding of Korea through essential vocabulary and grammar, as well as Korean culture and the Korean way of thinking.

- There are 8 main characters in 'Yonsei Korean 1'. The dialogues are based on the every lives of these characters.

- The content of each unit is presented in the 'Contents Map'. This table shows the title, vocabulary, grammar, task, and culture so that students have comprehensive grasp of what is to be studied. The last lesson of each unit is called 'Let's Review', where the vocabulary, grammar and function of each unit is reexamined. 'Let's read together' is the section on pronunciation practice. The most difficult pronunciation of a sentence from the dialogue will be practiced here. In the 'Culture' section, one or two topics related to each unit are presented. Korean culture from the view point of a foreigner is explained under the title 'Korean as James Sees It.'

- Each lesson is arranged in the following order: title, objectives, illustration and introduction, dialogue, vocabulary, grammar, task, grammar notes and dialogue translation.

- The title of each unit is a noun that is related to the content. The title of each lesson is a topic sentence from the dialogue.

- The objectives of each unit introduce the communicative functions, grammar, and vocabulary which are to be studied.

- In the introduction, pictures to help learners understand the topic are presented along with simple questions. This serves to promote interest and motivation in the topic and functions of each unit.

- For 'Dialogues' we attempted to choose the most typical and representative situation related to the topic of the unit. From unit 1 to unit 3, dialogues are composed of 4 short sentences with just two questions and answers. From unit 4, on dialogues are composed of six sentences with three questions and answers.

- In the 'Vocabulary' section, additional vocabulary related to the topic and function of each unit is provided. New words from the task are listed separately below the task. Vocabulary covered in 'Yonsei Korean 1' total about 995 words.

- In the 'Grammar' section, the core grammar of the unit is presented. One or two grammatical patterns are presented along with simple exercises. Explanation of the patterns is presented in 'Grammar Notes'.

- The 'Task' section is composed of activities adequate for each lesson's communicative objectives. Two related task activities are presented for each lesson. Functions of speaking, listening, reading, and writing are combined for that purpose. However, we focused more on speaking and listening skills, as this books is designed for beginners.

- English translation of the dialogues and grammar notes are presented at the end of each lesson.

- Korean cultural information is presented at the end of each unit. The character James, a foreigner in Korea, gives a simple explanation of Korean culture. In cases when actual practice is possible, simple classroom activities are attached. We encourage learners to make comparisons with their home culture and to talk about personal experiences.

- The 'Index' presents a list of vocabulary according to the ∞°≥™¥Ÿ alphabet order, and includes the location of words by unit and by lesson.

차례

CONTENTS

	제목	소제목	과제	어휘	문법	문화
06	물건 사기	선물을 사러 갑시다	물건 사러 가기	가게 이름	-으러 가다, 과/와	숫자 읽기 \ 생일
		좋지만 좀 비싸요	물건의 질과 크기 말하기	형용사 3	-지만, -은(관형형¹), ㅎ동사	
		얼마예요?	물건 값 묻기	여러 가지 단위 명사	-어 주다, 단위 명사	
		깎아 주세요	물건 값 깎기	선물 관련 어휘	에게, -은, -는, -을(관형형²)	
07	교통	실례지만 길 좀 묻겠습니다	위치, 길 묻기	위치 및 방향 관련 어휘	으로¹, -어서¹	서울 관광 \ 서울지하철
		지하철로 40분쯤 걸립니다	교통편과 걸리는 시간 묻기	교통수단	-으로², 에서 ~까지, -어서²	
		사람이 많으니까 조심하세요	교통수단 이용하기	교통수단 이용 관련 어휘	-으니까, -지 말다	
		과일 가게 앞에 세워 주십시오	택시 이용하기	택시 이용 관련 어휘	ㄷ 동사, 르 동사	
08	전화	전화번호 좀 가르쳐 주세요	전화번호 말하기	전화번호 관련 어휘	-을게요, 이나	한국인과 휴대전화 \ 주요 전화번호
		정민철 씨 계세요?	전화 걸기	전화 관련 어휘	-는데요, -은데요	
		늦으면 전화할게요	전화로 약속하기	약속 관련 어휘	에게서, -으면	
		웨이 씨 좀 바꿔 주세요	전화로 상대방 바꿔 달라고 말하기	통화 관련 어휘	-을 거예요, 만	
09	날씨와 계절	저는 스키를 탈 수 있는 겨울이 좋아요	계절에 대해 말하기	계절 관련 어휘	-는데, -은데, -을 수 있다	한국의 봄꽃 \ 장마와 황사
		날씨가 조금 흐린데요	오늘 날씨 말하기	날씨 관련 어휘	-은 후에, -겠-²	
		오늘보다 따뜻할 것 같아요	날씨 비교하여 말하기	날씨 관련 어휘	보다, -을 것 같다	
		저기에서 사람들이 운동을 하고 있어요	계절 활동 말하기	계절 활동 관련 어휘	-는군요, -고 있다	
10	휴일과 방학	설악산에 가려고 해요	계획 말하기	휴일 관련 어휘	-으려고 하다, 동안	한국 영화 \ 즐거운 노래방
		시간이 있을 때는 여행을 가요	취미 활동 말하기 1	취미 활동 관련 어휘	-을 때, 중에서 ~제일	
		극장에 자주 못 가요	취미 활동 말하기 2	영화 관련 어휘	에 ~쯤, 못	
		산책을 하고 집에서 쉬었어요	주말 활동 이야기하기	운동 관련 어휘	-기 전에, -지 못하다	

CONTENTS MAP

	Topic	Title	Task	Vocabulary	Grammar and Patterns	Culture
01	Greeting	Hello	Talking about names	Names of people	입니다, 은/는	Korean names \ Korean greeting manners
		Where are you from?	Talking about nationality	Names of countries	입니까?	
		I'm not an office worker	Talking about jobs	Names of occupations	이/가 아니다	
		Nice to meet you	Greeting each other	Action Verb 1	−습니다, −습니까?	
02	School and House	Is this a textbook?	Talking about names of objects	Names of objects	이/가, 이, 그, 저	Places to go on the weekend \ The location and size of Koea
		Is there a map, also?	Talking about classroom objects	Names of classroom objects, Descriptive verb 1	도, 있다, 없다	
		Where is the bank?	Talking about the locations of school facilities	Place nouns Location words	에¹	
		Where do you live?	Talking about homes	Names of places	하고	
03	Friends and Family	I'm looking at my family pictures	Talking about what you are doing	Action Verb 2 (−하다)	을/를	Titles for people \ 'ajoomma (auntie)' and 'ajussi(uncle)'
		Where are your parents?	Introducing your family	Titles for family members Honorific forms, Number 1 (하나−열)	−으시−	
		The air is fresh and it's quiet there	Talking about your hometown	Descriptive verb 2	−고¹	
		He studies economics at college	Talking about friends	Majors	에서	
04	Food	I going to a restaurant	Going to a restaurant	Restaurants	에 가다, −을까요¹, −읍시다	Korean table manners \ The Generosity of Koreans
		What kind of food do you like?	Talking about favorite foods	Kinds of food, Taste	−지 않다, 무슨 , ㄹ 동사	
		I'd like to have Bulgogi	Choosing and offering food	Names of Food	−고 싶다, −겠−¹	
		Could I get some water, please?	Ordering food	Counting units for food, Number 2 (일−십)	−으십시오, −을까요?²	
05	Daily Routines	What time is it now?	Talking about time	Number 3, Time	까지, −어요	'일이삼' and '하나둘셋' \ Counting with fingers
		What's the date today?	Talking about date and days	Date, Days of the week	−지요?, −으세요	
		I get up at 7:30	Talking about daily routines	Action Verb 3	에², 부터 ~까지, −고²	
		What did you do with your friends?	Talking in past tense (action verb)	Time words	−었−, ㅂ동사	

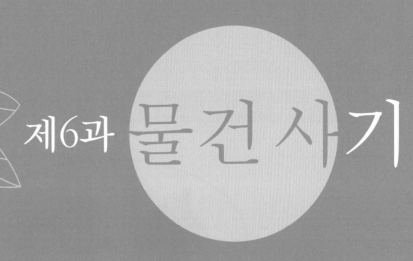

제6과 물건 사기

01 선물을 사러 갑시다

학습 목표 ● 과제 물건 사러 가기 ● 문법 –으러 가다, 과/와 ● 어휘 가게 이름

오늘은 무슨 날입니까?
마리아와 웨이는 무슨 선물을 삽니까?

🔊 CD2: 01~02

마리아	오후에 선물을 사러 갑시다.
웨이	그럽시다. 뭘 살까요?
마리아	장미꽃과 케이크를 삽시다.
웨이	어디에서 살까요?
마리아	학교 앞에 꽃 가게도 있고 빵집도 있어요.
웨이	그럼 거기에 갑시다.

선물
present

장미꽃
rose

꽃
flower

케이크
cake

꽃 가게
flower shop

빵
bread

빵집
bakery

어휘

가게 이름

꽃 가게	옷 가게	빵 가게	과일 가게	서점
문방구	편의점	시장	백화점	슈퍼마켓

● 연결하십시오.

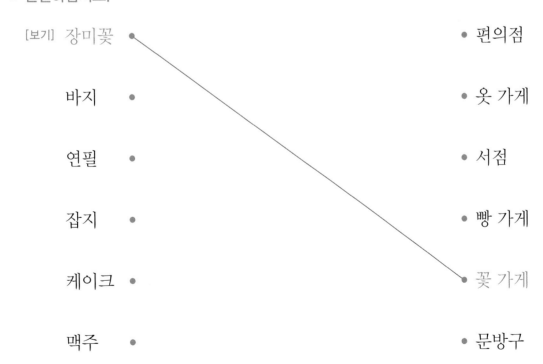

[보기] 장미꽃 •

바지 •

연필 •

잡지 •

케이크 •

맥주 •

• 편의점

• 옷 가게

• 서점

• 빵 가게

• 꽃 가게

• 문방구

문법 연습

01

-으러 가다

1) 쓰십시오.

[보기] 학교, 공부하다 ➡ 학교에 공부하러 갑니다.

❶ 시장, 옷을 사다 ➡ ....

❷ 식당, 점심을 먹다 ➡ ....

❸ 학교 앞, 친구를 만나다 ➡ ....

2) 묻고 대답하십시오.

[보기] **학교**　가: 학교에 뭘 하러 갑니까?
　　　　　　나: 공부하러 갑니다.

❶ 커피숍

❷ 서점

❸ 공원

❹ 회사

❺ 도서관

과/와

02

말하십시오.

[보기] **책상 위**: 책상 위에 잡지와 읽기 책과 사전과 교과서가 있습니다.

❶ 교실:

❷ 가방:

❸ 냉장고:

과제 1 말하고 쓰기 ●━━━━

01 표를 완성하고 묻고 대답하십시오.

어디?	[보기1] 동대문 시장	
무엇?	옷	
무엇이 좋습니까?	물건이 많다, 값이 싸다	

[보기2] 가: 어디에 가세요?

　　　나: 동대문 시장에 가요.

　　　가: 무엇을 하러 가세요?

　　　나: 옷을 사러 가요.

　　　가: 동대문 시장이 좋아요?

　　　나: 네, 물건이 많고 값도 싸요.

02 위 대화를 이야기로 쓰십시오.

[보기]　저는 동대문 시장에 갑니다. 옷을 사러 갑니다. 동대문 시장은 물건이 많고 값도 쌉니다.

과제 2   듣고 말하기 [CD2: 03]

01   듣고 대답하십시오.

1) 무엇을 삽니까?

2) 두 사람이 가고 싶어 하는 곳과 이유를 아래에서 골라 쓰십시오.

쇼핑 장소	백화점	시장	가게	슈퍼마켓	편의점
이유	값이 싸다	친절하다		깨끗하다	조용하다
	물건이 많다	물건이 좋다	가깝다		

	쇼핑 장소	이유
미선		
영수		

3) 이 두 사람은 어디에서 삽니까?

02   여러분이 자주 가는 쇼핑 장소와 그곳에 가는 이유를 이야기하십시오.

비싸다 expensive   **그렇지만** but, however   **아줌마** aunt, lady   **장소** place   **이유** reason

Dialogue

Maria Let's go to buy a present this afternoon.

Wei Yes, let's do that. What shall we buy?

Maria Let's buy some roses and a cake.

Wei Where shall we buy them?

Maria There's a flower shop and a bakery in front of the school.

Wei Then let's go there.

문법 설명

01 −으러/러

This connective ending is used with an action verb stem. It is usually used with verbs, such as '가다, 오다' to indicate a goal or purpose. Verb stems ending in a vowel take '−러', and verb stems ending in a consonant take '−으러'.

• 영화를 보러 갈까요?	Should we go see a movie?
• 한잔 하러 갑시다.	Let's go to have a drink.
• 밥 먹으러 식당에 갔다 왔어요.	I've been to a restaurant to eat.
• 구경하러 온 사람이 많습니다.	Many people came to see it.
• 돈을 찾으러 은행에 갔습니다.	I went to the bank to withdraw some money.

02 과/와

This particle is used to link nouns together. If the noun ends in a consonant, use '과', If the noun ends in a vowel, use '와', This particle is interchangeable with '하고'.

• 나는 봄과 가을을 좋아합니다.	I like spring and fall.
• 동생과 누나가 집에서 기다립니다.	My younger brother and older sister are waiting at home.
• 책상 위에 시계와 책이 있습니다.	There is a watch and a book on the desk.

02 좋지만 좀 비싸요

학습 목표 ● 과제 물건의 질과 크기 말하기 ● 문법 -지만, 관형사형 어미'(-은), ㅎ동사 ● 어휘 형용사 3

여기가 어디입니까?
웨이와 마리아가 무엇을 삽니까?

◀)) CD2: 04 ~ 05

마리아	케이크 있어요?
주인	네, 여기 있습니다.
마리아	좀 큰 건 없어요?
주인	이 케이크는 어때요?
마리아	좋지만 좀 비싸요.
주인	그럼, 이 치즈 케이크를 사세요.

주인
shopkeeper,
owner

건
one

치즈
cheese

어휘

색

| 빨간색 | 파란색 | 노란색 | 하얀색 | 까만색/검은색 |

형용사 3

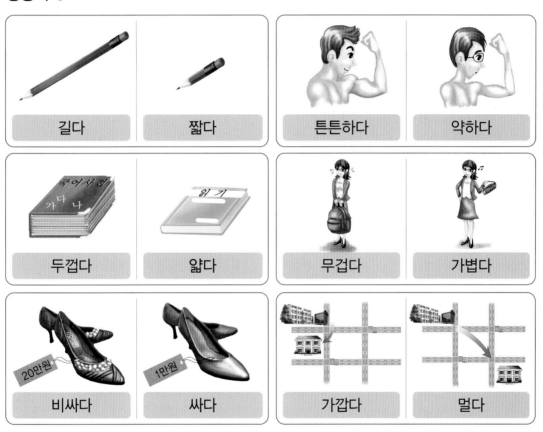

길다	짧다	튼튼하다	약하다
두껍다	얇다	무겁다	가볍다
비싸다	싸다	가깝다	멀다

● 반대말을 쓰십시오.

[보기] 일본은 가깝고 미국은 멉니다.

❶ 백화점 물건은 ＿＿＿＿＿ 시장 물건은 ＿＿＿＿＿.

❷ 교과서는 ＿＿＿＿＿ 읽기책은 ＿＿＿＿＿.

❸ 신문은 ＿＿＿＿＿ 사전은 ＿＿＿＿＿.

문법 연습

01

 – 지만

1) 한 문장으로 만드십시오.

[보기] 이 코트는 얇습니다. 따뜻합니다.
➜ 이 코트는 얇지만 따뜻합니다.

❶ 갈비는 맛있습니다. 비쌉니다.

➜ ....

❷ 이 가방은 큽니다. 가볍습니다.

➜ ....

❸ 제 하숙집은 멉니다. 좋습니다.

➜ ....

2) 문장을 만드십시오.

맵다	깨끗하다	좁다	맛있다	어렵다
두껍다	가볍다	비싸다	예쁘다	재미있다

[보기] 옷: 이 옷은 예쁘지만 비쌉니다.

❶ 김치: ....

❷ 한국말: ....

❸ 교실: ....

❹ 책: ....

-은/ㄴ N

02

1) 쓰십시오.

[보기] 시계가 비쌉니다. ➜ 비싼 시계

❶ 꽃이 예쁩니다. ➜ ....

❷ 날씨가 따뜻합니다. ➜ ....

❸ 제 고향이 멉니다. ➜ ....

2) 대화를 만드십시오.

[보기] 사람   가: 어떤 사람이 좋아요?
                나: 친절한 사람이 좋아요.

❶ 음식

❷ 자동차

❸ 집

❹ 음악

❺ 영화

ㅎ 동사

03

표를 완성하십시오.

	-습니까/ㅂ니까?	-어요/아요/여요	-은/ㄴ 색
어떻다	[보기] 어떻습니까?		
빨갛다			
파랗다		파래요	
노랗다			
까맣다			까만색
하얗다			

과제 1 말하기

01 하나를 골라 묻고 대답하십시오.

	물건	특징		
옷 가게	바지 1	빨간색	얇다	짧다
	바지 2	파란색	두껍다	길다
	바지 3	검은색	두껍다	짧다
과일 가게	사과 1	달다	작다	싸다
	사과 2	시원하다	크다	비싸다
	사과 3	맛있다	크다	싸다
책 가게	잡지 1	두껍다	무겁다	재미있다
	잡지 2	얇다	가볍다	재미없다
	잡지 3	두껍다	가볍다	재미있다

[보기] 가: 바지 있어요?

나: 네, 이 빨간색 바지는 어때요?

가: 좀 얇아요.

나: 그럼, 이 파란색 바지는 어떻습니까?

가: 이건 두껍지만 좀 길어요.

나: 이 검은색 바지는 어떻습니까? 두껍고 길지 않아요.

가: 네, 그 바지를 사겠습니다.

과제 2 듣고 말하기 [CD2: 06]

01 듣고 대답하십시오.

1) 어디에서 하는 대화입니까?

❶ 옷 가게   ❷ 구두 가게   ❸ 가방 가게   ❹ 빵 가게

2) 정희 씨가 사고 싶어 하는 가방과 주인이 고른 가방은 어떤 가방입니까? 쓰십시오.

크다   작다   예쁘다   싸다   비싸다   튼튼하다

주인		.... 은/ㄴ 가방
정희		.... 은/ㄴ 가방

3) 정희 씨는 가방을 왜 사지 않았습니까?

02 여러분이 산 물건을 소개하십시오.

[보기] 어제 시장에서 이 지갑을 샀습니다. 좀 비싸지만 아주 예쁩니다. 빨간색이
고 작지만 튼튼합니다.

보여 주다 to show **다르다** to be different **죄송하다** to be sorry **다시** again **또** again

Dialogue

Maria	Do you have cakes?
Shopkeeper	Yes, there are cakes over here.
Maria	Is there a larger one?
Shopkeeper	What about this one?
Maria	That's nice but a little expensive.
Shopkeeper	Then take this cheese cake.

문법
설명

01 –지만

This connective ending is used with a verb stem. It is used to affirm or admit the action or state of the first clause, while suggesting something opposite or countering in the following clause.

- 값은 비싸지만 물건이 좋아요.   The price is expensive but the product is good.
- 바람은 불지만 비는 안 와요.   It is windy but it's not raining.
- 그 사람은 부자이지만 돈을 안 써요. He is rich but he doesn't spend money.
- 약을 먹었지만 낫지 않아요.   I took medicine but I haven't gotten better.

02 adnominal ending[1] –은/ㄴ

This adnominal ending is attached to a descriptive verb stem to modify the following noun. When the descriptive ending ends in a consonant, use '–은'. When it ends in a vowel, use '–ㄴ'.

꽃이 예쁩니다. 예쁘 + ㄴ + 꽃 → 예쁜 꽃
집이 좋습니다. 좋 + 은 + 집 → 좋은 집

- 키가 큰 사람이 동생입니다.   The tall man is my younger brother.
- 오늘은 바쁜 날입니다.   It is a busy day today.
- 돈이 많은 사람이 한턱내십시오. The person with a lot of money should

pay

03 ㅎ동사

Some verbs that end in 'ㅎ' don't go by regular conjugation rules. When descriptive verbs such as '빨갛다, 노랗다' are followed by an ending beginning with a vowel, 'ㅎ' is deleted. When followed by an ending beginning with '으', such as '-으니까,' '-은', and '-을까요', both the 'ㅎ' of a verb stem and the '으' of the final ending are deleted. When the verb is followed by an ending beginning with '-어/아/여' such as '-어서/아서/여서' and '-었/았/였-', the vowel of the verb stem without 'ㅎ' and the vowel of the ending combine together and change to '하얘'. The verb '좋다' doesn't go by this irregular conjugation.

빨갛다　빨갛 + ㄴ　　　→ 빨간
어떻다　어떻 + ㄹ까요? → 어떨까요?
그렇다　그렇 + 면　　　→ 그러면

- 좋다 does not follow this rule.

- 어떤 색을 좋아합니까?　Which color do you like?
- 노란색을 싫어합니다.　He dislikes the color yellow.
- 그러면 내일 만납시다.　In that case, let's meet tomorrow.
- 까만 바지가 어떨까요?　How about a pair of black trousers?

	-은/ㄴ	-으면/면	-어서/아서/여서	-었어요/았어요/였어요
빨갛다	빨간	빨가면	빨개서	빨갰어요
파랗다	파란	파라면	파래서	파랬어요
노랗다	노란	노라면	노래서	노랬어요
하얗다	하얀	하야면	하얘서	하얬어요
까맣다	까만	까마면	까매서	까맸어요
어떻다	어떤	어떠면	어때서	어땠어요
이렇다	이런	이러면	이래서	이랬어요
저렇다	저런	저러면	저래서	저랬어요
그렇다	그런	그러면	그래서	그랬어요

03 얼마예요?

학습 목표 ● 과제 물건 값 묻기 ● 문법 –어 주다, 단위 명사 ● 어휘 여러 가지 단위 명사

여기가 어디입니까?
웨이와 마리아가 무엇을 삽니까?

CD2: 07 ~ 08

웨이	장미꽃 좀 보여 주세요.
주인	네, 구경하세요.
웨이	얼마예요?
주인	한 송이에 1,000원입니다.
웨이	이건 얼마예요?
주인	그건 한 송이에 1,500원입니다.

구경하다
to look around

얼마
how much

송이
blossom
(of a flower)

어휘

여러 가지 단위 명사

자동차 한 **대**

커피 일곱 **잔**

신발 두 **켤레**

식빵 여덟 **개**

생선 세 **마리**

연필 아홉 **자루**

티셔츠 네 **벌**

꽃 열 **송이**

교과서 다섯 **권**

지하철표 열 한 **장**

콜라 여섯 **병**

껌 세 **통**

어휘

01 쓰십시오.

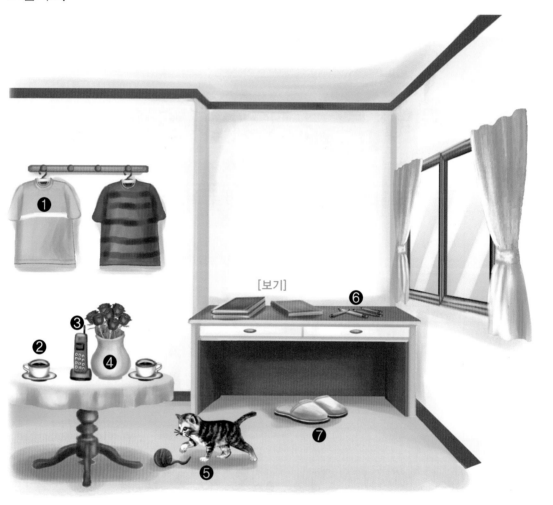

[보기] 책 세 권

❶ ....

❷ ....

❸ ....

❹ ....

❺ ....

❻ ....

❼ ....

문법 연습

01 　-어 주다

쓰십시오.

[보기] 돈이 없습니다. 돈을 빌려 주십시오. (빌리다)

❶ 춥습니다. 창문을 _____.(닫다)

❷ 불고기가 먹고 싶습니다. 불고기를 _____.(만들다)

❸ 오늘은 좀 바쁩니다. 내일 _____.(전화하다)

❹ 꽃이 예쁩니다. 이 꽃을 _____.(사다)

❺ 일이 많습니다. _____.(돕다)

02 　단위 명사

대화를 완성하십시오.

[보기] 가: 교과서가 몇 권 있습니까? (3)

　　　 나: 세 권 있습니다.

❶ 가: 연필을 몇 자루 샀습니까? (2)

　 나: _____

❷ 가: 신발이 몇 켤레 있습니까? (4)

　 나: _____

❸ 가: 커피 한 잔에 얼마예요? (2,000원)

　 나: _____

❹ 가: _____?

　 나: 맥주가 다섯 병 있습니다.

❺ 가: _____?

　 나: 장미꽃을 열 송이 샀습니다.

과제 1　말하기

한 사람은 손님, 다른 사람은 주인이 되어 이야기하십시오.

[보기]　주인: 어서 오십시오.

손님: 바지 좀 보여 주세요.

주인: 여기 있습니다. 구경하세요.

손님: 이 바지 얼마예요?

주인: 한 벌에 45,000원입니다.

손님: 이 스웨터는 얼마예요?

주인: 한 벌에 15,000원입니다.

손님: 그럼 바지 한 벌하고 스웨터 한 벌을 주세요. 모두 얼마예요?

주인: 60,000원입니다.

| 15,000원 | 8,000원 | 35,000원 | 45,000원 |

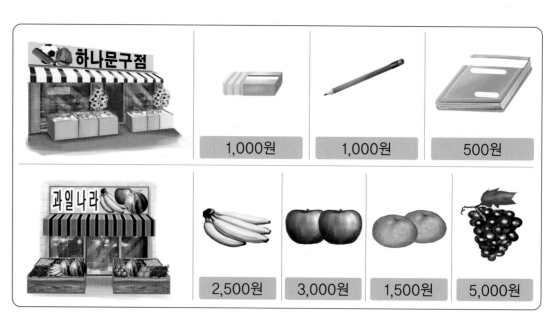

| 1,000원 | 1,000원 | 500원 |

| 2,500원 | 3,000원 | 1,500원 | 5,000원 |

치마 skirt　　**바나나** banana　　**귤** tangerine　　**포도** grape　　**튤립** tulip

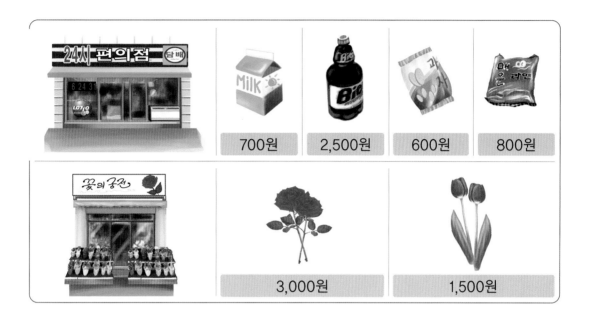

듣기 [CD2: 09]

01 듣고 표를 완성하십시오.

	대화 1	대화 2	대화 3
어디에 갔습니까?			
무엇을 샀습니까?			
몇 개(벌, 권, 자루...) 샀습니까?			
모두 얼마입니까?			

입어 보다 to try (clothes) on

Dialogue

Wei	Show me some roses, please.
Shopkeeper	Just look around.
Wei	How much are these?
Shopkeeper	They are 1000 won each.
Wei	How much are these ones?
Shopkeeper	Those are 1,500 won each

문법 설명

01 −어/아/여 주다

It is used with an action verb stem to ask a favor or to express the speaker's intention to give help. When the listener is someone higher than the speaker, and the speaker is the subject, use '−어/아/여 드리다'. When a verb stem ends in '아' or '오,' use '−아 주다'. Otherwise, use '−어 주다'. For '하다' use '−여 주다', which is often contracted to '−해 주다'.

• 전화번호 좀 알려 주십시오.	Please, let me have your telephone number.
• 이름을 써 주세요.	Write your name, please.
• 친구에게 우산을 빌려 주었어요.	I lent an umbrella to my friend.
• 누가 한국말을 가르쳐 주셨어요?	Who taught you Korean?
• 제가 도와 드리겠습니다.	I'll help you.

02 counting unit

There are certain counting units that go with certain nouns. Numbers are located before the counting unit. Numbers are read 일, 이, 삼⋯ or 한, 두, 세⋯ according to the counting unit.

- 연필 한 자루 주세요.
- 맥주 두 병에 얼마예요?
- 공책이 몇 권 있습니까?
- 집에서 개 두 마리하고 고양이 한 마리를 기릅니다.
- 사탕 한 개하고 초콜릿 두 개를 샀습니다.

Give me a pencil, please.
How much are two bottles of beer?
How many notebooks do you have?
I raise two dogs and a cat at home

I bought one candy and two chocolate bars.

단위명사 Counting unit	대상 명사 Related noun	단위명사 Counting unit	대상 명사 Related noun
개 Piece	물건 things	번 Times	횟수 frequency
권 Volume	책 book, 공책 notebook	송이 Stems	꽃 flower
병 Bottle	맥주 beer, 물 water, 콜라 coke	통 Box	껌 chewing gum, 편지 letter, 과자 cookies
사람/명/분 People	사람 person	대 Unit	자동차 car, 냉장고 refrigerator, 텔레비전 television
잔 Cup, Glass	커피 coffee, 물 water, 차 tea, 맥주 beer	켤레 Pairs	신발 shoes, 양말 sock, 장갑 gloves
장 Sheet	종이 paper, 우표 stamp, 표 ticket	벌 Suit	옷 clothes
자루 Piece	연필 pencil, 볼펜 ball-point pen	마리 Animal	동물 animal, 물고기 fish
살 Year-old	나이 age	시간 Hour	시간 time
갑 Packet	담배 cigaret, 성냥 match	달 Month	달 month

Use '일, 이, 삼, 사...' for the followings.

단위명사 Counting unit	대상 명사 Related noun	단위명사 Counting unit	대상 명사 Related noun
층 Floor	건물 building	일 Days of month	시간 time
호실 Room number	방 room	주일 Week	시간 time
인분 Servings of food	음식 food	년 Year	시간 time

04 깎아 주세요

학습 목표 ● 과제 물건 값 깎기 ● 문법 에게, 관형사형 어미²(–은, –는, –을) ● 어휘 선물 관련 어휘

마리아와 웨이는 무엇을 얼마나 샀습니까?
물건을 사고 싶지만 비쌉니다. 어떻게 말합니까?

CD2: 10 ~ 11

마리아   장미꽃 10송이 주세요.

주인   누구에게 선물합니까?

마리아   친구에게 선물해요. 친구가 좋아하는 꽃이에요.

주인   여기 있습니다. 15,000원입니다.

마리아   좀 비싸요. 깎아 주세요.

주인   그럼 14,000원 주십시오.

선물하다
to give
a present

깎다
to cut down
the price

어휘

선물

꽃다발	손수건	상품권	인형
화장품	향수	액세서리	만년필

선물을 주다(드리다)

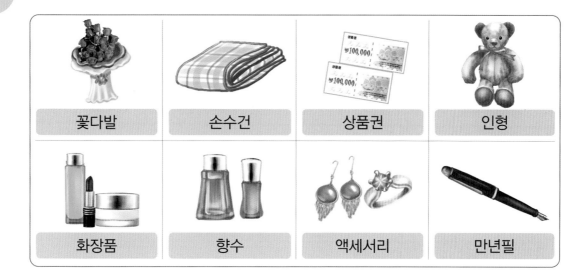

친구 동생	에게	전화하다		선물을 주다
아버지 어머니 할아버지 할머니 선생님	께	전화를 드리다		선물을 드리다

● 쓰십시오.

졸리는 프랑스 사람입니다. 한국 대학교에서 프랑스어를 가르칩니다. 프랑스 가족들에게 자주 (보기 전화합니다). 다음 달에 프랑스로 돌아갑니다. 가족들 선물을 샀습니다. 어머니께 향수를 (   ). 아버지께 넥타이를 (   ). 여동생에게 한국 노래 CD를 (   ).

문법 연습

01

에게

누구에게 무슨 선물을 하겠습니까? 이야기하십시오.

[보기] 크리스마스에 아버지께 손수건을 선물하고 싶습니다.

❶ 친구의 생일
❷ 친구의 결혼식
❸ 가족의 생일

02

-은, 는, -을 N

1) 그림을 보고 말하십시오.

[보기] 영수 씨하고 이야기하는 사람이 정희예요.

2) 표를 완성하고 말하십시오.

질문	대답
아침에 무슨 음식을 먹었습니까?	김밥
어느 나라를 여행했습니까?	
지난주에 누구를 만났습니까?	
저녁에 무슨 TV 프로그램을 보겠습니까?	
주말에 어디에 가겠습니까?	

[보기] 아침에 먹은 음식은 김밥이에요.

과제 1 읽기

● 읽고 대답하십시오.

01 가게를 순서대로 쓰십시오.

> 어제 저는 친구와 같이 남대문 시장에 갔습니다. 가족들에게 줄 크리스마스 선물을 사고 싶었습니다. 남대문 시장에는 여러 가지 가게가 아주 많았습니다. 먼저 옷 가게에 갔습니다. 옷 가게에서 남동생에게 줄 바지를 샀습니다. 언니에게 줄 예쁜 티셔츠도 샀습니다. 그리고 인형 가게에 갔습니다. 인형 가게에서 한복을 입은 인형을 샀습니다. 어머니께 드리겠습니다. 인형 가게 옆에는 넥타이 가게가 있었습니다. 거기에서 아버지께 드릴 넥타이핀을 샀습니다. 조금 피곤했지만 가족들에게 줄 선물을 샀습니다. 그래서 기분이 참 좋았습니다.

( ) 가게 → ( ) 가게 → ( ) 가게

02 가족들에게 무슨 선물을 주겠습니까?

아버지:

어머니:

언니:

동생:

03 맞으면 O, 틀리면 X 표시를 하십시오.

❶ 남대문 시장에서 친구 선물을 샀습니다. ( )

❷ 언니는 인형을 좋아합니다. ( )

❸ 언니와 동생에게 옷을 선물하겠습니다. ( )

❹ 어제는 좀 피곤했습니다. ( )

여러 가지 various   **먼저** first   **한복** Korean dress   **넥타이핀** tie-pin   **피곤하다** to be tired

과제 2 말하기 ●

01 50,000원으로 선물을 삽니다. 대화를 만드십시오.

손수건 3,000원	
인형 5,000원	
화장품 10,000원	
향수 15,000원	
목걸이 20,000원	
만년필 10,000원	
넥타이핀 15,000원	
선글라스 20,000원	
책 7,000원	
CD 10,000원	

[보기] 주인: 어서 오세요.

손님: 이 만년필 얼마예요?

주인: 만 원입니다.

손님: 이 선글라스는요?

주인: 이만 원입니다.

손님: 좀 깎아 주세요.

주인: 그럼 만 구천 원 주십시오.

목걸이 necklace   **선글라스** sunglass

Dialogue

Maria	Give me 10 "stems" of those roses.
Shopkeeper	Who are you going to give them to?
Maria	I'm going to give them to a friend. They are her [his] favorite flowers.
Shopkeeper	Here you are. It's 15,000 won.
Maria	It's a little expensive. Could you give me a discount?
Shopkeeper	Then give me 14,000 won.

문법
설명

01 에게

This particle is used with a noun for people or animal(s) to indicate that the noun preceding is the indirect object of the action. Usually, action verbs such as '주다, 보내다, 가르치다, 빌려주다' follow after. In spoken language, '한테' is often used. '께' is the honorific form of '에게/한테'.

• 동생에게 편지를 보냈습니다.	I sent a letter to my younger brother.
• 친구한테 책을 빌려 주었습니다.	I lent a book to my friend.
• 부모님께 전화를 했습니다.	I called my parents.
• 저에게 한국말을 가르쳐 주세요.	Please, teach me Korean.
• 그 이야기를 미선 씨한테 하지 마세요.	Don't mention that to Misun.

02 adnominal ending '-은, -는, -을'

It is attached to an action verb stem to modify the noun that follows. When the action is completed, use '-은/ㄴ'. When the action is ongoing, use '-는'. When making a predicate, use '-을/ㄹ'.

- 조금 전에 부른 노래 제목이 뭐예요?
- 제 친구 중에는 아직 결혼한 사람이 없어요.
- 지금 일하는 회사가 어디예요?
- 모르는 것이 있으면 질문하세요.

- 냉장고에 먹을 것이 하나도 없어요.
- 만날 사람이 있어서 지금 시내에 갑니다.

What is the title of the song you just sang?
There's no one who is married among my friends.
Which company are you working for now?
Ask me a question if there's anything you don't know.
There is nothing to eat in the fridge.
I'm going downtown to meet someone.

05 정리해 봅시다

● 읽어 봅시다[CD2: 12]

1. 뭘 살까요?
2. 좀 큰 건 없습니까?
3. 천오백 원입니다
4. 깎아 주십시오

● 확인해 봅시다

I

01

그림을 보고 쓰십시오.

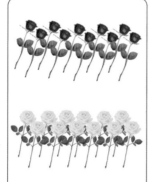

[보기] (크다/작다) 공책: 큰 공책 세 권하고 작은 공책 두 권

❶ (빨갛다/노랗다) 꽃: ....

❷ (길다/짧다) 연필: ....

❸ (싸다/비싸다) 시계: ....

❹ (얇다/두껍다) 사전: ....

정리

II

01 잃어버린 가방을 설명하는 글을 쓰십시오.

[보기] 제가 검은색 가방을 잃어버렸어요.
그 가방은 어깨에 메는 가방이에요.
그리고 그 가방 안에는 ....

....

꼭 찾아 주세요. 그리고 저한테 연락
해 주세요.

여러분이 가방을 잃어버렸습니다. 어떻게 설명하고 부탁하겠습니까?

정리

III

01 오늘 우리 반 OOO 씨의 생일입니다. 가게에 가서 선물을 사십시오.

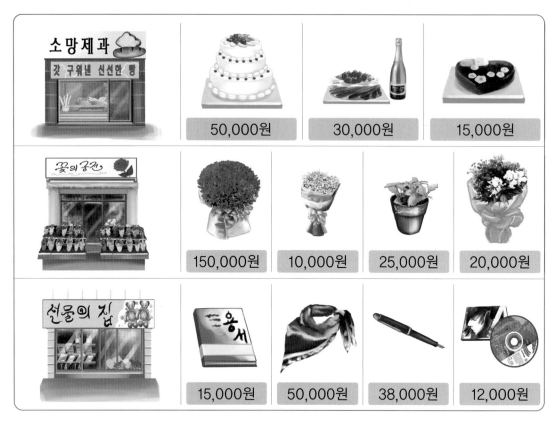

소망제과 갓 구워낸 신선한 빵	50,000원	30,000원	15,000원
꽃의 궁전	150,000원	10,000원	25,000원	20,000원
선물의 집	15,000원	50,000원	38,000원	12,000원

[보기] 손님: 케이크 있어요?

주인: 네, 여기 있습니다.

손님: 좀 큰 건 없어요?

주인: 그럼 이 하얀 케이크가 어떠세요?

손님: 얼마예요?

주인: 5만원입니다.

손님: 좀 비싸요.

주인: 그럼 이 초콜릿 케이크를 사세요.

손님: 네, 그걸 주세요.

케이크: ....　　꽃: ....　　선물: ....

OOO 씨에게 가장 좋아하는 케이크와 꽃, 선물을 물어보십시오.
어느 팀이 제일 잘 골랐습니까?

02 생각나는 단어를 3개씩 쓰십시오.

● 한 사람씩 자신이 쓴 물건을 하나씩 말하십시오

● 다른 사람들은 잘 듣고 같은 물건이 있으면 지우십시오. 제일 많이 지
  운 사람이 이깁니다.

[보기] 작은   집   아기   눈

❶ 예쁜

❷ 어려운

❸ 큰

❹ 따뜻한

❺ 깨끗한

❻ 싼

Reading numbers

It is not difficult to read nimbers in Korea, since Korea, like most countries, uses Aradic numerals. However it is quite difficult to listen for and say numbers. That's why when I first came to Korea, I just payed with a large bill and took whatever change the shopkeeper gave me. So my pockets were always heavy with change.

To read Korean numbers, you break every four digit : 일(one), 십(ten), 백(hundred), 천(thousand), 만(ten thousand), and then 십만(hundred thousand), 백만(million), 천만(ten million), 억(hundred million), and 십억(ten billion), 백억(ten billion), 천억(hundred billion), 조(trillion). When I told Misun that it was too confusing, she said, of course, that the Korean way was easier for her. Since numbers are so confusing for me Misun and I always write them down if we need to use them.

다음 숫자를 읽으십시오.

1) 250 0000개   2) 8 6249 2061명   3) 5 0320 0702 0030

Birthdays

Usually in Korea friends give you presents, cake, and flowers to celebrate your birthday. In exchange, you can take your friends out for dinner or cook for them. Not long ago, I was invited to Misun's birthday party, so I went to her house with a small present and a cake. When I got there there was a lot of food. It was a birthday party arranged by her mother. There were various dishes, including seaweed soup, which is a birthday dish. I asked how it became a traditional birthday food. Misun said that in Korea mothers eat seaweed soup after they give birth, so it celebrates this that tradition. After dinner we lit as many candles as her age on the birthday cake, and sang a birthday song. The song was easy to follow because I already knew the melody.

여러분도 불러 보십시오.

생일 축 하 합 니 다 생일 축 하 합 니 다 사 랑

하 는 미 선 씨 생일 축 하 합 니 다

제7과 교통

01 실례지만 길 좀 묻겠습니다

학습 목표 ● 과제 위치, 길 묻기 ● 문법 으로', -어서' ● 어휘 위치 및 방향 관련 어휘

남자
man

실례
Excuse me

길
direction,
road, way

묻다
to ask

찾다
to look for

아파트
apartment

번
number

출구
exit

왼쪽
left side

제임스와 리에가 어디에 갑니까?
어떻게 묻습니까?

🔊 CD2: 13~14

제임스　실례지만 길 좀 묻겠습니다.

남자　　어딜 찾으세요?

제임스　연세아파트가 어디에 있습니까?

남자　　잠실역 근처에 있습니다.

제임스　잠실역에서 어떻게 갑니까?

남자　　잠실역 6번 출구로 나가서 왼쪽으로 가세요.

어휘

방향

이쪽

그쪽

저쪽

왼쪽

오른쪽

어휘

● 묻고 대답하십시오.

[보기] 가: 편의점이 어디에 있습니까?

나: 건너편에 있습니다. 횡단보도로 건너세요.

문법 연습

으로[1]

01 묻고 대답하십시오.

[보기] 가: 식당이 어디에 있습니까?

나: 아래층으로 내려가세요.

❶ 사무실

❷ 화장실

❸ 교실

문법 연습

02

─어서¹

1) 한 문장으로 만드십시오.

[보기] 극장에 갑니다. 영화를 봅니다.
➜ 극장에 가서 영화를 봅니다.

❶ 옷을 삽니다. 입습니다.

➜ _____

❷ 중국 음식을 만듭니다. 먹습니다.

➜ _____

❸ 한국에 왔습니다. 한국어를 공부합니다.

➜ _____

2) '리에 씨의 하루' 입니다. 표를 보고 말하십시오.

오전 7시	일어납니다.
	세수를 합니다.
9시	학교에 갑니다.
	공부를 합니다.
오후 1시	샌드위치를 삽니다.
	샌드위치를 먹습니다.
3시	친구를 만납니다.
	영화를 봅니다.
저녁 7시	집에 옵니다.
	숙제를 합니다.

[보기] 일어나서 세수를 합니다.

01 그림을 보고 묻고 대답하십시오.

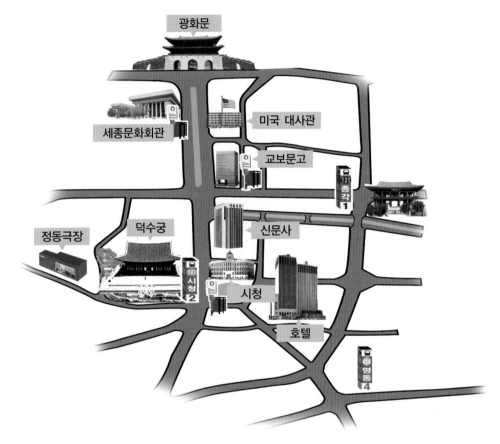

[보기] 가: 실례지만 길 좀 묻겠습니다.

나: 어딜 찾으십니까?

가: 교보문고가 어디에 있습니까?

나: 광화문에 있습니다.

가: 종각역에서 어떻게 갑니까?

나: 광화문 쪽으로 나와서 똑바로 가세요.

호텔 hotel   **신문사** newspaper publishing company   **미술관** gallery   **대사관** embassy   **똑바로** straight   **나오다** to come out

과제 2 듣고 말하기 [CD2: 15]

● 듣고 대답하십시오.

01

1) 두 사람은 어디에서 삽니까?

방향	사는 곳
동문 쪽, 북문 쪽, 정문 쪽, 서문 쪽	기숙사, 하숙집, 오피스텔, 원룸

리에: ...., ...

웨이: ...., ...

2) 두 사람이 사는 곳을 지도에 표시하십시오.

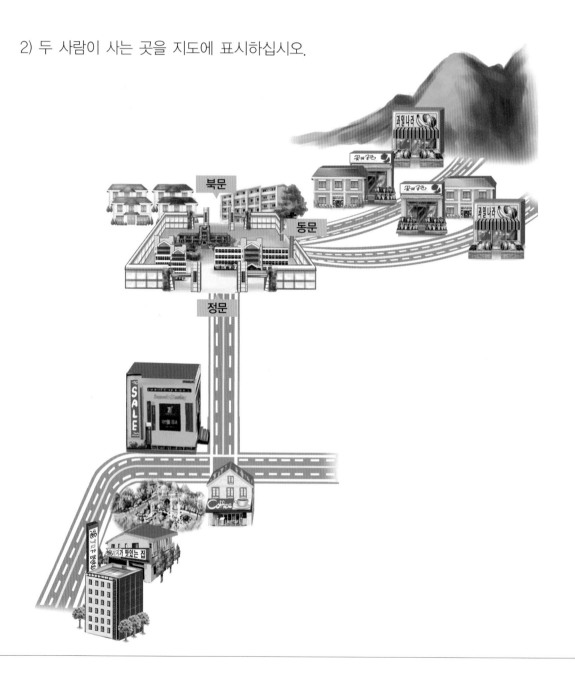

여러분의 집 위치를 이야기하십시오.

[보기] "저는 학교 근처에 삽니다. 우리 집은 학교 정문 쪽에 있습니다. 정문에서 똑바로 가십시오. 백화점에서 오른쪽으로 조금 갑니다. 식당 옆 원룸이 우리 집입니다."

동문 east gate　**북문** north gate　**서문** west gate　**기숙사** dormitory　**오피스텔** officetel(an office with bedroom)　**원룸** studio

Dialogue

James	Excuse me, but may I ask for some directions?
Man	What are you looking for?
James	Where is Yonsei apartment?
Man	It's close to Jamsil station.
James	How can I get there from Jamsil station?
Man	Go out exit number 6 and turn left.

문법
설명

01 으로/로[1]

This particle is used with a noun to show direction. It is followed by verbs such as '가다, 오다, 돌아가다(to go back), 돌아오다(to come back), 나가다 (to go out), 나오다(to come out) etc'. When a noun ends in a consonant, use '으로'. When it ends in a vowel or 'ㄹ', use '로'.

- 어디로 가십니까?   Where are you going?
- 사무실로 갑니다.   I am going to the office.
- 식당으로 갑시다.   Let's go to a restaurant.

02 −어서/아서/여서[1]

This is a connective ending which attaches to the stem of action verbs. It indicates that the action expressed in the first clause occurs first and is followed by the action of the second clause, and that the actions of the two clauses are very closely related.

'−었/았/였−' and '−겠−' cannot be used in front of '−어/아/여서'.

When a verb stem ends in '아, 오', use '−아서'. Otherwise, use '−어서'. For '하다', use '−여서', which is often contracted to '해서'.

- 야채를 씻어서 냉장고에 넣었습니다.   I washed the vegetables and put them in the fridge.
- 편지를 써서 부쳤습니다.   I wrote a letter and then mailed it.
- 여기에 앉아서 기다리십시오.   Sit down here and wait.
- 집에 가서 점심을 먹습니다.   I go home and eat lunch.
- 아침에 일어나서 운동을 하세요?   Do you exercise in the mornings after waking up?

02 지하철로 40분쯤 걸립니다

학습 목표 ● 과제 교통편과 걸리는 시간 묻기 ● 문법 으로², 에서 ~까지, -어서² ● 어휘 교통수단

제임스와 리에가 무엇을 묻습니까?
제임스와 리에가 어떻게 말합니까?

🔊 CD2: 16~17

리에   여기서 잠실까지 얼마나 걸려요?

남자   지하철로 40분쯤 걸립니다.

리에   몇 호선을 타요?

남자   2호선을 타세요.

리에   버스는 없어요?

남자   교통이 복잡해서 시간이 많이 걸립니다.

얼마나
how long?

걸리다
to take

호선
line

교통
traffic

어휘

교통수단

지하철	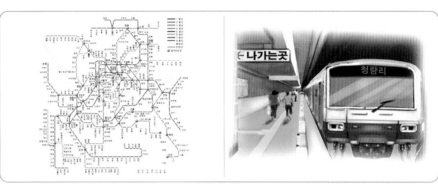

버스

| 시내버스 | 고속버스 | 마을버스 |

택시

| 일반택시 | 모범택시 |

| 자동차 | 기차 | 자전거 | 비행기 | 배 |

● 무엇을 타고 갈 수 있습니까? 쓰십시오.

> [보기] 학교 – 지하철, 시내버스, 마을버스, 택시, 자동차, 자전거

❶ 동대문 운동장

❷ 부산

❸ 제주도

❹ 베트남

문법 연습

으로²

01

연결하고 문장을 만드십시오.

[보기] 이름 •   • 비디오 •   • 쓰십시오

❶ 영화 •   • 연필 •   • 공부합니다

❷ 냉면 •   • 이메일 •   • 합시다

❸ 연락 •   • 젓가락 •   • 먹습니다

❹ 한국말 •   • 교과서 •   • 봅니다

[보기]   이름을 연필로 쓰십시오.

에서 ~까지

02

말하십시오.

[보기]   집에서 학교까지 버스로 15분 걸려요.

−어서²

 03

연결하고 한 문장으로 말하십시오.

[보기] 영화를 좋아합니다. •

❶ 여름에 입을 옷이 없습니다. •

❷ 차가 밀립니다. •

❸ 배가 아픕니다. •

❹ 아르바이트를 합니다. •

• 학교에 늦었습니다.

• 백화점에 갑니다.

• 극장에 자주 갑니다.

• 바쁩니다.

• 병원에 갑니다.

[보기] 영화를 좋아해서 극장에 자주 갑니다.

2) 이야기를 만드십시오.

[보기] 어제 친구 생일**이어서** 친구하고 술을 마셨어요.
그런데 술을 많이 **마셔서** 머리가 아팠어요.
머리가 **아파서** 잠을 많이 잤어요.
잠을 많이 **자서** 학교에 늦었어요.
학교에 **늦어서** 기분이 나빴어요.

01 묻고 대답하십시오.

[보기] 가: 학교까지 어떻게 옵니까?

나: 버스로 옵니다.

가: 얼마나 걸립니까?

나: 10분쯤 걸립니다.

이름	어떻게	얼마나
제임스	버스	10분쯤

02 이야기하십시오.

[보기] 제임스 씨는 학교까지 버스로 옵니다.

집에서 학교까지 버스로 10분쯤 걸립니다.

과제 2   읽고 쓰기

01 읽고 대답하십시오.

어제 호수공원에 갔습니다. 지하철로 갔습니다.

친구들을 서울역에서 만났습니다.

서울역에서 호수공원까지 40분 걸렸습니다.

지하철은 좀 복잡했습니다.

서울역에는 버스도 있었습니다.

버스에는 자리가 많았지만 버스를 타지 않았습니다.

보통 호수공원까지 버스로 1시간 10분쯤 걸립니다.

값도 조금 비쌌습니다.

1) 표를 완성하십시오.

어디에?	무엇으로?	얼마나? (시간)

2) 버스는 어땠습니까?

❶ 아주 복잡했습니다.   ❷ 자리가 없었습니다.

❸ 보통 오래 걸립니다.   ❹ 값이 쌌습니다.

02 여러분 이야기를 표에 정리하고 위와 같이 쓰십시오.

간 곳	교통수단	떠난 곳	걸린 시간

호수 lake   **빨리** fast   **자리** seat   **오래** long   **곳** place   **교통수단** means of transportation   **떠나다** to leave

<table>
<tr><td rowspan="6">**Dialogue**</td><td>Rie</td><td>How long does it take from here to Jamsil?</td></tr>
<tr><td>Man</td><td>It takes about 40 minutes by subway.</td></tr>
<tr><td>Rie</td><td>Which line do I need to take?</td></tr>
<tr><td>Man</td><td>Take line number 2.</td></tr>
<tr><td>Rie</td><td>Isn't there a bus?</td></tr>
<tr><td>Man</td><td>It takes a long time because the traffic is heavy.</td></tr>
</table>

문법
설명

01 으로/로^2

This particle is used with a noun to indicate means, cause, reason, status, etc.

• 젓가락으로 먹습니다.	I eat with chopsticks.
• 한국말로 말하십시오.	Please say it in Korean.
• 버스로 왔습니다.	I came by bus.
• 연필로 씁니다.	I write with a pencil.
• 김치는 배추로 만듭니다.	Kimchi is made with cabbages.

02 에서 ~까지

These particles are used with nouns denoting time or place in order to express the starting point ('에서') and finishing point('까지').

• 여기서 종로까지 걷습니다.	I walk from here to Chongno.
• 서울에서 부산까지 기차로 5시간 걸립니다.	From Seoul to Pusan it takes 5 hours by train.
• 4층에서 5층까지 교실입니다.	There are classrooms from the 4th to 5th floor.

- 12시에서 1시까지 점심시간입니다. Lunch time is from 12 until 1 o'clock.
- 저녁 7시에서 9시까지 식당에서   I work part-time at a restaurant from
  아르바이트를 합니다.   7 to 9 pm.

03 −어서/아서/여서²

This connective ending is used with a verb stem to indicate that the action of the first clause is the reason for the action of the second clause. The second clause cannot contain an imperative or a propositive(let's).
'−었/았/였−' and '−겠−' cannot be used in front of '−어서/아서/여서'.

- 한국이 좋아서 한국에 왔습니다.   I came to Korea because I like Korea.
- 배가 아파서 약을 먹었습니다.   My stomach hurts so I took some medicine.
- 옷을 많이 입어서 덥습니다.   I'm wearing lots of clothes so I'm hot.
- 약속을 안 지켜서 죄송합니다.   I'm sorry for breaking my promise.
- 피곤해서 일찍 집에 갔습니다.   I went home early because I was tired.

03 사람이 많으니까 조심하세요

학습 목표 ● 과제 교통수단 이용하기 ● 문법 −으니까, −지 말다 ● 어휘 교통수단 이용 관련어휘

두 사람은 어디에 있습니까?
이번 역은 어디입니까?

◀ CD2: 18~19

리에	여기 앉을까요?
제임스	아니요, 앉지 마세요. 다음 역에서 내려요.
리에	그럼 문 앞으로 나갈까요?
제임스	네, 저쪽으로 갑시다.
리에	내립니다. 좀 비켜 주십시오.
제임스	사람이 많으니까 조심하세요.

앉다
to sit

비키다
to move aside

조심하다
to be careful

어휘

교통수단 이용 장소

역	정류장	공항	고속버스 터미널
타다	내리다	갈아타다	

● 공항에 어떻게 갑니까? 그림을 보고 이야기하십시오.

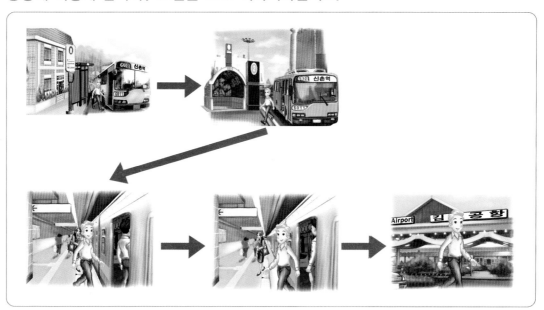

하숙집 앞 버스정류장에서 [보기] 버스를 탑니다. → 신촌역 앞에서 ＿＿＿＿.
→ 신촌역에서 지하철로 ＿＿＿＿＿＿＿. → 김포공항역에서 ＿＿＿＿.
→ 김포공항에 도착했습니다.

문법 연습

01

–으니까

1) 연결하고 한 문장으로 말하십시오.

[보기] 배가 고픕니다. •   • 창문을 열까요?

덥습니다.   •   • 병원에 가요.

배가 아픕니다.   •   • 식당에 갑시다.

숙제가 많습니다.   •   • 좀 쉽시다.

피곤합니다.   •   • 숙제를 하고 노세요.

[보기] 배가 고프니까 식당에 갑시다.

2) 친구와 여행 계획을 만드십시오.

[보기] 가을에 설악산이 아름다우니까 설악산에 갑시다.

장소:	가: 부산에 갈까요? 설악산에 갈까요?
제주도, 부산, 설악산	나: .... 으니까/니까 .... 에 갑시다.
교통편:	가: .... ?
기차, 고속버스, 비행기	나: .... 으니까/니까 ....
숙박:	가: .... ?
호텔, 여관, 민박, 펜션, 콘도	나: .... 으니까/니까 ....
음식:	가: .... ?
불고기, 비빔밥, 회	나: .... 으니까/니까 ....

 реш

-지 말다

02

1) 연결하십시오.

 [보기] 만지지 마십시오.

 들어오지 마십시오.

 사진을 찍지 마세요.

 담배를 피우지 마세요.

 주차하지 마세요.

 떠들지 마세요.

2) 쓰십시오.

[보기] **지각합니다.** ➡ **지각하지 마세요.**

❶ 컴퓨터 게임을 많이 합니다. ➡ _____

❷ 창문을 엽니다. ➡ _____

❸ 커피를 많이 마십니다. ➡ _____

과제 1 듣기 [CD2: 20]

듣고 표를 완성하십시오.

	대화 1	대화 2	대화 3
어디에 갑니까?			
어떻게 갑니까?			
얼마나 걸립니까?			

모르다 not to know **가르치다** to teach **안내 방송** announcement **걱정하다** to worry **실례하다** excuse me

01 표를 보고 대화를 만드십시오.

목적지	교통편	비용	신촌에서 걸리는 시간	기타
롯데월드	버스	900원	1시간 10분	종합운동장에서 걸어서 10분
	지하철	1,100원	45분	2호선
	택시	20,000원	50분	
경복궁	버스	900원	15분	272번 정류장에서 걸어서 20분쯤
	지하철	900원	15분	2호선 → 3호선 경복궁역에서 걸어서 15분쯤
	택시	3,000원	15분	
인사동	버스	900원	15분	272번
	지하철	900원	15분	2호선→3호선
	택시	6,000원	20분	
국립중앙박물관	버스	900원	30분	750번, 0211번 정류장에서 걸어서 5분
	지하철	900원	30분	2호선 → 4호선 → 1호선 역에서 걸어서 5분
	택시	15,000원	25분	

[보기] 가: 친구들과 같이 롯데월드에 가고 싶어요. 어떻게 가는 것이 좋아요?

나: 머니까 신촌에서 지하철을 타세요.

가: 얼마나 걸려요?

나: 45분쯤 걸려요.

가: 몇 호선을 타요?

나: 2호선을 타세요.

가: 버스는 없어요?

나: 있지만 오래 걸려요.

❶ 경복궁   ❷ 인사동   ❸ 국립중앙박물관

Dialogue

Rie	Shall we sit here?
James	No, don't sit. We're getting off at the next station.
Rie	Shall we move up to the exit?
James	Yes, let's go this way.
Rie	I'm getting off. Please, move over a little.
James	It's crowded, be careful.

문법 설명

01 −으니까/니까

This connective ending is used with a verb stem to indicate the reason or cause of the next clause. When the verb ends in a vowel, use '−니까'. When it ends in a consonant, use '−으니까'.

• 오늘은 일이 많으니까 내일 만납시다.	I have a lot of work today, so let's get together tomorrow.
• 날씨가 추우니까 안으로 들어가세요.	Go inside because it's cold.
• 담배는 건강에 나쁘니까 피우지 마십시오.	Don't smoke because it's not good for your health.
• 오늘은 눈이 많이 오니까 자동차를 운전하지 마세요.	Don't take your car because it's snowing heavily today.

02 −지 말다

It is used with an action verb stem to form a negation of an imperative (−으십시오) or a propositive (let's : -읍시다) sentence.

- 건물 안에서 담배를 피우지 마십시오.　　Don't smoke in the building.
- 도서관에서 떠들지 마세요.　　Don't make noise in the library.
- 박물관에서 사진을 찍지 마십시오.　　Don't take pictures in the museum.
- 교실에서 영어로 말하지 맙시다.　　Let's not speak English in the classroom.
- 쓰레기를 버리지 맙시다.　　Don't take out the garbage.

04 과일 가게 앞에 세워 주십시오

학습 목표 ● 과제 택시 이용하기 ● 문법 ㄷ동사, 르 동사 ● 어휘 택시 이용 관련 어휘

두 사람은 어디에서 이야기를 합니까?
택시에서 내리고 싶으면 어떻게 말합니까?

🔊 CD2: 21~22

제임스	걸어서 갈까요?
리에	머니까 택시를 탑시다.

제임스와 리에는 택시를 탄다.

기사	어디로 갈까요?
제임스	연세 아파트로 갑시다.
기사	어디에 세워 드릴까요?
제임스	안으로 들어가서 과일 가게 앞에 세워 주세요.

기사
driver

걷다
to walk

세우다
to stop

들어가다
to go in

어휘

출발하다, 도착하다, 세우다

| 출발하다 | 도착하다 | 세우다 |

● 그림을 보고 쓰십시오.

서울에서 7시 20분에 _____.

부산에 10시 10분에 _____.

| 사거리 | 신호등 | 직진 | 좌회전 | 우회전 |

[보기] 사거리 •————————• 길이 네 개 있습니다.

신호등 •   • 오른쪽으로 갑니다.

직진 •   • 왼쪽으로 갑니다.

좌회전 •   • 똑바로 갑니다.

우회전 •   • 빨간색, 노란색, 초록색이 있습니다.

문법 연습

01

ㄷ 동사

1) 표를 완성하십시오.

	–습니다/ㅂ니다	–어요/아요/여요	–었어요/았어요/였어요
걷다	[보기] 걷습니다		
듣다		들어요	
묻다			물었어요

2) 문장을 완성하십시오.

❶ 점심을 먹고 친구하고 공원을 ＿＿＿＿＿＿＿＿＿었어요/았어요/였어요.

❷ 그 가수를 좋아해서 매일 그 가수 노래를 ＿＿＿＿＿＿＿어요/아요/여요.

❸ 모르는 게 있으면 한국 친구에게 ＿＿＿＿＿＿＿어요/아요/여요.

르 동사

02

1) 표를 완성하십시오.

	–습니다/ㅂ니다	–어요/아요/여요	–었어요/았어요/였어요
고르다	고릅니다		
부르다			
모르다		몰라요	
다르다			
빠르다			빨랐어요

2) 문장을 완성하십시오.

❶ 너무 많이 먹어서 _____ 어요/아요/여요.

❷ 친구에게 전화하고 싶지만 전화번호를 _____ 어요/아요/여요.

❸ KTX는 _____ 어요/아요/여요.

과제 1 듣기 [CD2: 23]

● 듣고 대답하십시오.

01 맞으면 O, 틀리면 X 하십시오.

❶ 남대문 시장은 복잡합니다. ( )

❷ 이 사람은 시장 안에서 내렸습니다. ( )

02 표를 완성하십시오.

가는 곳	
내린 곳	
택시 값	
걸린 시간	

모시다 to accompany, escort　**다 왔습니다** here we are

01 이야기하십시오.

[보기] 가는 곳: 세브란스 병원
내리는 곳: 병원 정문 앞

[보기] 기사: 어서 오십시오. 어디로 갈까요?
손님: 세브란스 병원으로 갑시다. 얼마나 걸립니까?
기사: 30분쯤 걸립니다.
(잠시 후)
기사: 어디에 세워 드릴까요?
손님: 병원 정문 앞에 세워 주세요. 얼마입니까?
기사: 2,800원입니다.
손님: 여기 있습니다.
기사: 고맙습니다. 안녕히 가십시오.

❶ 가는 곳: 시청 앞
내리는 곳: 플라자 호텔 앞

❷ 가는 곳: 연세대 우체국
내리는 곳: 연세대 학생회관 앞

❸ 가는 곳: 롯데 백화점
내리는 곳: 지하철역 앞

❹ 가는 곳: 신촌 현대 백화점
내리는 곳: 백화점 정문 앞

❺ 가는 곳: 잠실 장미 아파트
내리는 곳: 10동 앞

동 dong (apartment building number)

Dialogue

Rie	Should we walk?
James	It's far so let's take a cab.
	James and Rie take a taxi.
Driver	Where would you like to go?
James	Yonsei apartment, please.
Driver	Where would you like me to stop?
James	Please go in and let us off in front of the fruit store

문법 설명

01 ㄷ verb

Some action verbs that end in 'ㄷ' don't go by the regular conjugation rule. When these verbs are followed by a vowel, 'ㄷ' changes to 'ㄹ'. However, verbs such as '받다, 믿다, 얻다, 닫다' are conjugated according to the regular rule.

듣 + 어서 → 들어서

• 음악을 들으니까 기분이 좋아요.	I feel good listening to music.
• 저는 잘 모르니까 다른 사람에게 물어 보세요.	I don't really know so ask someone else.
• 집에서 학교까지 걸어서 10분 걸립니다.	It takes 10 minutes on foot from my house to school.
• 이삿짐은 자동차 뒤에 실으세요.	Load the moving boxes into the back of the cer.
• 추우니까 문 좀 닫아 주세요.	It's cold, so close the door.

03 르 verb

When verbs whose stem ends in '르' such as '모르다' are followed by '어(아, 여)', 'ㄹ' is added in front of '르'. The vowel 'ㅡ' in '르' is deleted.

모르 + 아서 → 몰라서

- 배가 불러서 못 먹겠어요.   I can't eat anymore because I'm too full.
- 지하철이 버스보다 더 빨라요.   The subway is faster than the bus.
- 감기에 걸려서 자꾸 콧물이 흘러요.   I have a cold and my nose keeps running.
- 처음에는 한국말을 하나도 몰랐어요.   I didn't know any Korean at first.
- 어릴 때는 동생하고 얼굴이 아주   When we were young my face and my brother's
  달랐어요.   looked very different.

05 정리해 봅시다

● 읽어 봅시다 [CD2: 24]

1. 실례지만 길 좀 묻겠습니다

2. 몇 호선을 타요?

3. 비켜 주십시오

4. 어디에 세워 드릴까요?

● 확인해 봅시다

I

관계 없는 것 하나를 고르십시오.

1) 역, 정류장, 고속버스, 공항, 버스터미널

2) 지하도, 우회전, 횡단보도, 육교

3) 고속버스, 지하철, 비행기, 자전거, 정류장

4) 타다, 세우다, 내리다, 묻다, 갈아타다

II

01

묻고 대답하십시오.

[보기] 가: 어디 가세요?

나: 백화점에 가요.

가: 백화점에 어떻게 가요?

나: 버스로 가요.

가: 백화점에 왜 가요?

나: 다음 주에 친구 생일 파티가 있어서 선물을 사러 가요.

정리

장소	교통수단	이유	하는 일
백화점	버스	친구 생일 파티	선물을 사요
도서관			
명동			
친구집			
제주도			

02 한 문장으로 만드십시오.

　　　　-으니까　　　　　-어서

1) 늦다/ 미안해요. ➜ ....

2) 그 영화가 재미있다/ 보세요. ➜ ....

3) 버스가 복잡하다/ 늦었어요. ➜ ....

4) 비가 오다/ 다음에 만납시다. ➜ ....

5) 만나다/ 반가워요. ➜ ....

6) 날씨가 덥다/ 아이스크림을 먹을까요? ➜ ....

03 쓰십시오.

　　　　덥다　　　　달다　　　　듣다　　　　하얗다　　　　빠르다

어제는 일요일이었습니다. 학교 앞에서 친구와 약속이 있었습니다. 친구를 만나서 식당에 갔습니다. 날씨가 ([보기] 더워서) 우리는 냉면을 먹었습니다. 점심을 먹고 커피숍에 갔습니다. 커피숍에서 차도 마시고 음악도 (　　　　). 그리고 (　　　) 초콜릿 케이크도 먹었습니다. 차를 마시고 지하철을 타고 백화점에 갔습니다. 지하철은 (　　　　　). 백화점에 가서 (　　　　)색 바지를 샀습니다. 어제는 참 재미있었습니다.

정리

III 지금 버스정류장에 있습니다. 다음 장소를 찾으십시오.

학생 가

01 친구 하숙집, 꽃집, 문방구, 백화점

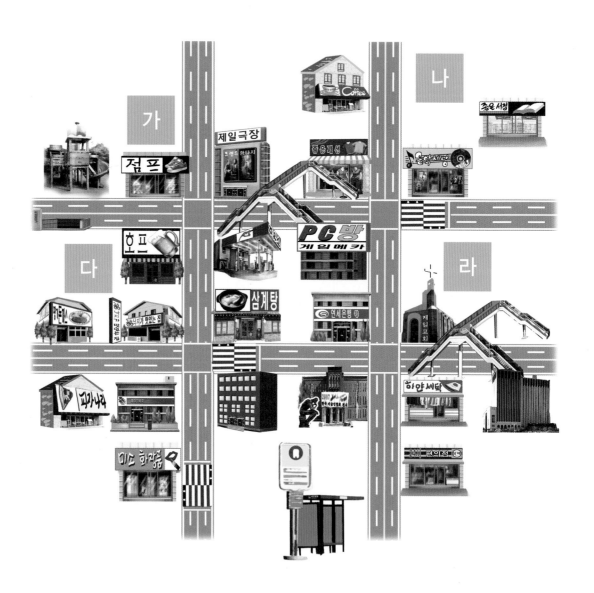

지금 버스정류장에 있습니다. 다음 장소를 찾으십시오.

학생 나

02 서점, 극장, 우체국, PC방

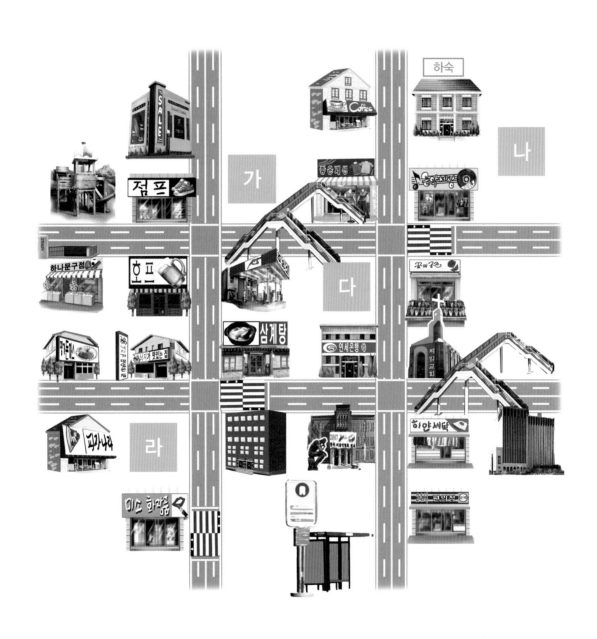

Use public transportation to tour Seoul

Let me introduce you to several ways you can easily and comfortably tour Seoul by public transportation.

One way is by bike taxi. You can take a round trip from Deoksuugoong Palace to Jeongdong Theater with a guide. You can buy tickets in front of Deoksugoong Palace or Jeongdong Theater.

A second way is the Cheonggyecheon double-decker bus tour. It operates five times a day, everyday, from 9:30 am to 7:00 pm. It departs from Gwanghwamoon, and goes to Hwanghakkyo Bridge, Cheonggyecheon Cultural Center, Mojeonkyo Bridge, and comes back to Gwanghwamoon. You can reserve tickets through the internet (www.visitseoul.net) or at the tourist information center in front of Donghwa Duty-free Shop. Tour guides who speak Korean, English, and Japanese accompany you to help and answer questions.

The final way is the Seoul city night view bus tour. It is operated twice a day at 7:50 pm and 8:00 pm. It departs from Gwanghwamoon and goes to Deoksoogoong Palace, Yeouido National Assembly Building, Gangbyunbookro, Seongsoodaekyo Bridge, Hannamdaekyo Bridge, Namsan Seoul Tower, Namdaemoon, and Cheonggyecheon Plaza. You can also reserve the tickets through the internet (www.visitseoul.net) or at the tourist information center in front of Donghwa Duty-free Shop.

When I took the bus toue there were headsets at each seat with Korean, English, Japanese, and Chinese translations available. I believe that it's the best way for you to enjoy the beautiful night view of Seoul.

여러분 나라에서 시내를 구경할 때 무엇을 탑니까?

Seoul Subway

The subway lines of Seoul are linked to important government and public offices, cultural buildings, shopping-centers, airports, and bus terminals. The subway is easy to use even for first-time visitors because English service is provided. Also, each line has its own color. There are eight color-coded lines: navy blue, green, orange, blue, purple, brown, olive green, and pink. More then colors, Koreans use the line number : line 1, line 2······, line 8.

At first it was difficult to understand when Misun talked about the various lines of the subway. Instead of saying, "the Green Line" she would say, "Line 2". I asked Misun why people use line 1, 2, etc., instead of using colors, which seemed more convenient to me. I also asked what the numbers meant. She said that the numbers refer to the order in which the lines were built. She also said that the younger generation will probably use the color system once the present generation is gone.

In addition Seoul subway trains have reserved seating for the elderly, pregnant women, and the disadled.

다음 장소와 지하철 노선을 연결해 보세요.

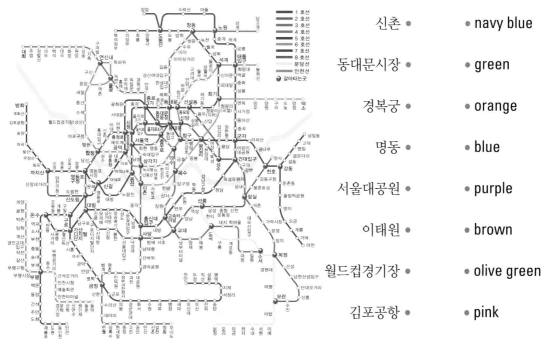

신촌 ●	● navy blue
동대문시장 ●	● green
경복궁 ●	● orange
명동 ●	● blue
서울대공원 ●	● purple
이태원 ●	● brown
월드컵경기장 ●	● olive green
김포공항 ●	● pink

제8과  전화

● 제임스가 본 한국
   한국인과 휴대전화
   주요 전화번호

01 전화번호 좀 가르쳐 주세요

학습 목표 ● 과제 전화번호 말하기 ● 문법 –을게요, 이나 ● 어휘 전화번호 관련 어휘

리에는 무엇을 묻습니까?
리에는 어떻게 묻습니까?

🔊 CD2: 25~26

민철   리에 씨, 이따가 오후에 전화해 주세요.

리에   네, 전화번호 좀 가르쳐 주세요.

민철   회사는 2124–3467이에요.

리에   집은 몇 번이에요?

민철   3464–2879예요.

리에   그럼 이따가 3시나 4시쯤에 전화할게요.

이따가
later

전화번호
phone number

전화

| 국제 전화 | 시외 전화 | 휴대 전화 |

전화번호 읽기

이일이삼의 삼사칠사

이천백이십삼 국의 삼천사백칠십사 번

일공일(의) 구팔칠오(의) 사삼이일

어휘

주요 전화번호

범죄 신고	112
전화번호 안내	114
시간 안내	116
화재 신고	119
날씨 안내	131

● 연결하십시오.

[보기] 시간을 알고 싶습니다.　　　　　●　　　　　● 114

서울에서 부산에 있는 친구에게
전화를 합니다.　　　　　　　　　　●　　　　　● 116

한국에서 일본에 있는 가족에게
전화를 합니다.　　　　　　　　　　●　　　　　● 119

오늘 날씨를 알고 싶습니다.　　　　●　　　　　● 131

불이 났습니다.　　　　　　　　　　●　　　　　● 시외전화

연세대학교 전화번호를 알고 싶습니다.　●　　　　● 국제전화

문법 연습

-을게요

01 대화를 만드십시오.

[보기] 가: 나중에 전화하세요.

나: 네, 나중에 전화할게요.

❶ 가: 누가 읽겠습니까?

나: ....

❷ 가: 술을 마시지 마세요.

나: 네, ...

❸ 가: 지금은 바쁘니까 내일 오세요.

나: 네, ...

❹ 가: 언제 이메일을 쓰겠습니까?

나: ....

이나

02 묻고 대답하십시오.

[보기] 가: 어디로 여행을 갈까요? (부산/경주)

나: 부산이나 경주로 여행을 갑시다.

❶ 언제 갈까요? (이번 주말/다음 주말)

❷ 무엇을 타고 갈까요? (KTX(고속전철)/고속버스)

❸ 어디에서 잘까요? (호텔/민박집)

❹ 저녁에 무엇을 먹을까요? (회/갈비)

❺ 선물로 뭘 살까요? (인형/열쇠고리)

| 과제 1 | 말하기 |

01 표를 완성하십시오.

[보기] 가: 집 전화번호가 몇 번이에요?
나: 2124-3489예요.

이름	집	휴대 전화	하숙집, 사무실 등

02 친구 전화번호를 이야기하십시오.

[보기] 민철 씨 집은 2124-3489예요.
휴대 전화 번호는 010-123-4567이에요.

과제 2 듣기 [CD2: 27] •——————————————————

듣고 대답하십시오.

1) 두 사람이 무슨 이야기를 합니까? (　　　)

❶ 내일 회의　　　　　　　❷ 만날 시간

❸ 전화번호　　　　　　　　❹ 전화 시간 약속

2) 마리아의 전화번호를 쓰십시오.

집: 2124-

휴대 전화: 011-　　　　　　-

3) 두 사람이 저녁에 무엇을 할까요? 쓰십시오.

마리아: 9시에

제임스: 8시 반에

기다리다 to wait

Dialogue

Mincheol	Rie, could you please give me a call later in the afternoon?
Rie	OK. What's your phone number?
Mincheol	My office number is 2124-3467.
Rie	What about your number at home?
Mincheol	It's 3464-2879.
Rie	I'll call you around 3 or 4 o'clock.

문법
설명

01 −을게요/ㄹ게요

This final ending is used with an action verb stem to indicate the speaker's intention, vow or promise for the future.

• 이 책을 살게요.	I'll buy this book.
• 이따가 전화할게요.	I'll call you later.
• 내일은 꼭 일찍 올게요.	I'll come early tomorrow.
• 이번 일은 제가 도와 드릴게요.	I'll help you with this matter.
• 여기서는 담배를 피우지 않을게요.	I won't not smoke here.

02 이나/나

This particle is used with a noun to indicate enumeration of two or more objects, or a choice of one of them.

| • 주말에는 농구나 축구를 합시다. | Let's play basketball or football this weekend. |

- 오늘 두 시나 세 시쯤에 전화해 주세요. Call me at around two or three o'clock this afternoon.
- 지하철이나 버스를 타고 학교에 갑니다. I take the subway or bus to school.
- 요즘 바빠서 영화나 연극을 볼 시간이 없어요. I'm so busy these days that I don't have time to watch movies or plays.
- 이번 여름에는 산이나 바다에 가고 싶어요. I want to go to the mountain or the beach this summer.

02 정민철 씨 계세요?

학습 목표 ● 과제 전화 걸기 ● 문법 –는데요, –은데요 ● 어휘 전화 관련 어휘

누가 전화를 걸었습니까?
리에 씨는 어디에 전화했습니까?

🔊 CD2: 28~29

리에 여보세요, 거기 연세여행사지요?

민철 네, 누굴 찾으십니까?

리에 정민철 씨 계세요?

민철 바로 전데요. 누구세요?

리에 리에예요. 지금 안 바쁘세요?

민철 네, 괜찮아요. 말씀하세요.

여보세요
hello

여행사
travel agency

바로
just, right

괜찮다
to be all right

어휘

전화

전화를 걸다
전화하다

전화를 받다

전화번호를 누르다

신호가 가다

전화벨이 울리다

잘못 걸다

전화

휴대전화를/핸드폰을 켜다
휴대전화를/핸드폰을 끄다

문자메시지를 보내다
문자메시지를 확인하다

음성메시지를 남기다
음성메시지를 확인하다

● 이야기를 완성하십시오.

오늘 친구하고 약속이 있었습니다. 그런데 시간을 바꾸고 싶었습니다.

그래서 친구에게 ([보기] 전화를 걸었습니다).

‘때르릉 때르릉’ (   ).

그런데 친구가 핸드폰을 받지 않았습니다. 그래서 (   ).

조금 뒤에 친구가 문자메시지를 확인하고 전화를 걸었습니다.

전화를 걸다	전화번호를 누르다	핸드폰을 켜다	핸드폰을 끄다
신호가 가다	문자메시지를 보내다	문자메시지를 확인하다	

문법 연습

-는데요, -은데요

1) 문장을 만드십시오.

[보기] 가: 밖에 나갑시다.

　　　 나: (날씨가 춥다) 날씨가 추운데요.

❶ 가: 내일 만날까요?　　　　　　　❷ 가: 식당에 갑시다.

　　나: (약속이 있다) _____　　　　　나: (밥을 먹었다) _____

❸ 가: 쇼핑하러 갑시다.　　　　　　❹ 가: 사전 좀 빌려 주세요.

　　나: (돈이 없다) _____　　　　　　나: (사전이 없다) _____

2) 대화를 완성하십시오.

정희: 여보세요? 거기 중국집이지요?

중국집: 네, (그렇다.) (➜ [보기] 그런데요.)

정희: 음식을 (주문하고 싶다.) (➜ 　　　　　　　　)

중국집: 주소가 어디십니까?

정희: 연세 하숙집 203호(이다.) (➜ 　　　　　　)

중국집: 전화번호는 몇 번입니까?

정희: 2123-5890입니다.

중국집: 뭘 주문하시겠어요?

정희: 자장면하고 탕수육요.

중국집: 탕수육은 시간이 오래 (걸리다.) (➜ 　　　　　　)

　　　　괜찮으시겠어요?

정희: 네, 괜찮아요.

중국집: 그럼 배달해 드리겠습니다. 고맙습니다.

묻고 대답하십시오.

[상황 1]

제임스가 부탁이 있어서 미선이에게 전화를 겁니다. 미선이는 연세 백화점에서 아르바이트를 합니다.

[상황 2]

제임스가 웨이를 만나고 싶어서 전화를 겁니다. 웨이는 연세 무역에서 일합니다.

[상황 3]

리에가 숙제를 몰라서 마리아에게 전화를 겁니다. 마리아는 연세 피자집에서 아르바이트를 합니다.

[보기] 가: 여보세요, 거기 연세백화점이지요?

나: 네, 누굴 찾으십니까?

가: 미선 씨 계세요?

나: 바로 전데요. 누구세요?

가: 제임스예요. 안녕하세요?

나: 네, 제임스 씨도 안녕하세요? 그런데 무슨 일이 있어요?

가: 네, 민철 씨 전화번호 좀 가르쳐 주세요.

......

부탁 request   **무역** (foreign) trade

과제 2　듣고 말하기 [CD2: 30]

01　듣고 대답하십시오.

1) 제임스는 왜 두 번 전화를 했습니까?

❶ 리에가 없어서　　　　　❷ 전화번호를 몰라서

❸ 시간이 많아서　　　　　❹ 전화를 잘못 걸어서

2) 제임스는 리에에게 왜 전화를 했습니까? 쓰십시오.

_____

3) 웨이의 휴대 전화 번호를 쓰십시오.

019 - _____ - _____

02　전화를 잘못 걸었습니다. 이야기하십시오.

[보기]　가: 여보세요. 리에 씨 좀 바꿔 주세요.

　　　　나: 몇 번에 거셨어요?

　　　　가: 2124-3478 아니에요?

　　　　나: 아닙니다. 잘못 거셨습니다.

　　　　가: 죄송합니다.

웬일이세요? What's up?　　**잠깐만요** Wait a minute ; Hold on　　**정말** really

Dialogue

Rie	Hello, is this Yonsei travel agency?
Mincheol	Yes. Who would you like to speak to?
Rie	Is Mr. Mincheol Jung, there?
Mincheol	This is he. Who is this?
Rie	It's Rie. Are you busy now?
Mincheol	No, it's alright. Go ahead.

문법 설명

01 -는데요, -은데요/ㄴ데요

This final ending is used with a verb stem to indicate that the speaker expects a response from the listener. Use -'는데요' with an action verb. Use '-은데요/ㄴ데요' with a descriptive verb. When the descriptive verb ends in a vowel, use 'ㄴ데요'. If it ends in a consonant, use '-은데요'.

• 이 시험은 좀 어려운데요.	This test is a bit hard.
• 이 옷이 잘 어울리는데요.	This dress goes well with you.
• 저는 신촌에 사는데요.	I live in Shinchon.
• 시간이 좀 오래 걸리는데요.	It takes rather along time.
• 바로 전데요. 누구세요?	This is he. Who is this?

03 늦으면 전화할게요

학습 목표 ● 과제 전화로 약속하기 ● 문법 에게서, −으면 ● 어휘 약속 관련 어휘

두 사람은 전화로 무슨 이야기를 합니까?
두 사람은 어디에 가겠습니까?

CD2: 31~32

리에 　웨이 씨한테서 전화 받았어요?

민철 　아니요, 안 받았는데요.

리에 　토요일 오후에 웨이 씨 집에서 파티가 있어요.

민철 　그래요? 몇 시에 파티를 해요?

리에 　5시까지 오세요.

민철 　네, 늦으면 전화할게요.

늦다
to be late

278

어휘

약속

어디?

약속하다

약속 장소

몇 시?

약속 시간

약속 시간을 바꾸다

약속을 어기다

약속을 지키다

● 그림을 보고 이야기하십시오.

[보기] 리에는 웨이와 약속을 했습니다.

약속 장소는 ....

약속 시간은 ....

그런데 웨이가 바쁜 일이 있어서 약속 시간을 ....

웨이가 3시에 왔습니다. 약속을 ....

문법 연습

01

에게서, 한테서

누구에게서 무슨 선물을 받았습니까? (받고 싶습니까?) 이야기하십시오.

[보기] 생일에 여자 친구한테서 시계를 받았어요.

❶ 생일에   ❷ 크리스마스에

02

-으면

1) 문장을 만드십시오.

[보기] 배가 고픕니다. 밥을 먹습니다.
➜ 배가 고프면 밥을 먹습니다.

❶ 눈이 옵니다. 눈사람을 만듭니다.

➜ ....

❷ 백화점에서 세일을 합니다. 백화점에 사람이 많습니다.

➜ ....

❸ 날씨가 덥습니다. 수영장에 가세요.

➜ ....

2) 묻고 대답하십시오.

[보기] 가: 돈이 없습니다. 어떻게 해요?
나: 돈이 없으면 은행에서 돈을 찾으세요.

❶ 머리가 아픕니다.

❷ 단어를 모릅니다.

❸ 내일 시험이 있습니다.

❹ 한국말을 잘 하고 싶습니다.

❺ 피곤합니다.

과제 1 쓰고 말하기 ●

01 전화로 약속을 하고 표를 완성하십시오.

[보기] 미선: 여보세요, 민철 씨 계십니까?

민철: 네, 전데요. 누구세요?

미선: 민철 씨, 저 미선이에요. 내일 오후에 시간이 있어요?

민철: 네, 괜찮아요. 왜요?

미선: 같이 동대문 시장에 쇼핑하러 갈까요?

민철: 네, 좋아요. 저도 동대문 시장에 가고 싶었어요.

미선: 그럼 몇 시에 만날까요?

민철: 1시 반에 만납시다.

미선: 어디에서 만날까요?

민철: 신촌 지하철역 1번 출구에서 만납시다.

미선: 알겠습니다. 그럼 내일 봅시다.

이름	약속 장소	약속 시간	무슨 약속을 했습니까?
[보기2] 민철	신촌 지하철역 1번 출구	1시 반	동대문 시장에 쇼핑하러 가요.

02 약속한 것을 이야기하십시오.

[보기] 저는 민철 씨와 약속을 했습니다. 우리는 같이 동대문 시장에 쇼핑하러 가겠습니다. 약속 장소는 신촌 지하철역 1번 출구입니다. 약속 시간은 금요일 1시 30분입니다.

왜 why

● 읽고 대답하십시오.

> 저는 오늘 친구와 약속이 있었습니다. 약속 시간은 2시 반이었습니다.
>
> 약속 장소는 롯데 백화점 앞이었습니다.
>
> 제 친구는 약속을 잘 지킵니다. 그렇지만 저는 언제나 늦습니다. 그래서
>
> 오늘은 일찍 가고 싶었습니다. 저는 택시를 타고 명동으로 갔습니다.
>
> 약속 장소에 2시 25분에 도착했습니다. 그렇지만 친구는 없었습니다.
>
> 한 시간 기다렸지만 친구는 오지 않았습니다.
>
> 그때 전화가 왔습니다. 친구였습니다. 친구는 잠실 롯데 백화점 앞에
>
> 서 기다렸습니다.

01 맞으면 O, 틀리면 X 표시를 하십시오.

1) 약속 시간은 2시 25분이었습니다.   (   )

2) 저는 오늘은 약속을 지키고 싶었습니다.   (   )

3) 저는 언제나 약속을 잘 지킵니다.   (   )

4) 친구는 저를 기다렸습니다.   (   )

02 친구는 왜 약속 장소에 오지 않았습니까?

03 전화 대화를 만드십시오.

친구: 여보세요? 민수 씨 핸드폰입니까?

나: ․․

친구: ․․․

나: ․․

친구: ․․․

나: ․․

일찍 early　**언제나** always

Dialogue

Rie	Did you get a call from Wei?
Mincheol	No, not yet.
Rie	There is a party at Wei's place on Saturday.
Mincheol	Really? What time is the party?
Rie	Get there by 5.
Mincheol	Okay, I'll give you a call if I'm late.

문법 설명

01 에게서/한테서

This particle is used with a personal noun when the action of a verb initiates from that person. It is often used with verbs such as '배우다, 듣다, 받다, 빌리다', meaning '으로부터(from)'.

- 선생님한테서 한국말을 배웁니다.   I learn Korean from my teacher.
- 친구한테서 그 이야기를 들었어요.   I heard it from my friend.
- 이거 누구한테서 받았어요?   Who did you get this from?
- 고향에 계시는 부모님에게서 편지가 왔어요.   A letter came from my parents at home.
- 친한 친구에게서 돈을 빌렸어요.   I borrowed money from my close friend.

02 −으면/면

This final ending is used with a verb stem to indicate that the first clause is the assumption or condition of the next clause. When the verb ends in a vowel, use '−면'. When the verb ends in a consonant, use '−으면'.

- 바쁘지 않으면 내일 만날까요?   Shall we meet up tomorrow if you are not busy?
- 내일 날씨가 좋으면 설악산에   Let's go to Mt. Sulak if the weather is fine
  갑시다   tomorrow.
- 많이 아프면 학교에 오지 마세요.   Don't come to school if you are really sick.
- 싫으면 다른 것으로 바꾸세요.   Exchange it with something else if you don't like it.
- 스트레스가 쌓이면 어떻게 하세요? What do you do if you get stressed?

04 웨이 씨 좀 바꿔 주세요

학습 목표 ● 과제 전화로 상대방 바꿔 달라고 말하기 ● 문법 –을 거예요, 만 ● 어휘 통화 관련 어휘

웨이 씨

민철은 누구와 이야기하고 싶습니까?
다른 사람이 전화를 받으면 어떻게 이야기합니까?

CD2: 33 ~ 34

민철   여보세요, 죄송하지만 웨이 씨 좀 바꿔 주세요.

남자   잠깐만 기다리세요.

⋯⋯⋯⋯⋯⋯⋯⋯⋯⋯⋯⋯⋯⋯⋯⋯

웨이   전화 바꿨습니다.

민철   웨이 씨, 저 정민철이에요.

웨이   민철 씨, 지금 올 거예요?

민철   미안해요. 아직 회사예요. 아마 30분쯤 늦을 거예요.

아직
still

아마
probably

어휘

전화 통화

통화하다

전화를 끊다

바꾸다

통화 중이다

● 순서대로 번호를 쓰십시오.

❶ 통화 중이었습니다.

❷ 조금 이따가 다시 전화를 했습니다.

❸ 제임스가 리에에게 전화를 했습니다.

❹ 두 사람은 통화했습니다.

❺ 그래서 전화를 끊었습니다.

❻ 리에가 전화를 받았습니다.

([보기] ❸) → (   ) → (   ) → (   ) → (   ) → (❹   )

문법 연습

01

-을 거예요

1) 묻고 대답하십시오.

[보기] 극장 앞 가: 무슨 영화를 볼 거예요?　　나: 코미디 영화를 볼 거예요.

❶ 서울역 앞　　❷ 백화점　　❸ 커피숍　　❹ 서점

2) 50년 후의 서울은 어떻게 변할까요? 말하십시오.

[보기] **50년 후에 서울에 사는 사람의 반이 외국인일 거예요. 그래서 그때는 한국 어학당에 학생이 만 명이 될 거예요...**

02

만

말하십시오.

[보기] 아침에 뭘 드세요? (커피) ➜ 커피만 마셔요.

❶ 무슨 과일을 좋아하세요? (포도)

❷ 어느 나라를 여행했어요? (중국)

❸ 어떤 술을 드세요? (맥주)

❹ 교실에 어느 나라 사람이 있어요? (일본 사람)

과제 1　듣기 [CD2: 35]

01

듣고 대답하십시오.

1) 어디에 전화를 걸었습니까?

2) 누구하고 통화하고 싶어 합니까?

❶ 영수　　❷ 리에　　❸ 제임스　　❹ 정희

3) 집에 없는 사람은 누구입니까?

❶ 영수　　❷ 리에　　❸ 제임스　　❹ 정희

4) 제임스 씨는 어떻게 말할까요?

❶ 누굴 찾으세요?　　❷ 잠깐만 기다리세요.

❸ 전화 바꿨습니다.　　❹ 이따가 전화하겠습니다.

01 출장을 갔습니다. 교실에 있는 친구들에게 전화를 합니다. 대화를 만드십시오.

[보기] 웨이   : 여보세요? 마리아 씨, 저 웨이예요. 안녕하세요?

마리아 : 웨이 씨? 안녕하세요? 어디예요?

웨이   : 경주에 출장을 왔어요. 친구들도 다 잘 있지요?

마리아 : 네, 바꿔 드릴까요?

웨이   : 네, 양견 씨 좀 바꿔 주세요.

양견   : 웨이 씨? 친구들이 웨이 씨를 보고 싶어해요. 언제 올 거예요?

웨이   : 저도 보고 싶어요. 다음 주 월요일에는 학교에 갈 거예요.
　　　　제임스 씨 계세요?

양견   : 네, 잠깐만 기다리세요.

제임스 : 반가워요, 웨이 씨. 우리는 웨이 씨가 없어서 아주 심심해요.
　　　　빨리 오세요.

나: 여보세요? ....

　　: ....

나: ....

　　: ....

나: ....

　　: ....

나: ....

　　: ....

나: ....

　　: ....

Dialogue

Mincheol	Hello, sorry to bother, but may I speak to Wei, please?
Man	Just a moment.

Wei	Wei, here.
Mincheol	Wei, this is Mincheol.
Wei	Mincheol, are you coming now?
Mincheol	Sorry, I'm still in the office. I think I'll be about 30 minutes late.

문법 설명

01 –을/ㄹ 거예요

It is used with a verb stem.

(1) If the subject is first or second person, it indicates the speaker's intention or future action. In this case, it is used with only an action verb. When the verb ends in a vowel or '르', use '르 거예요'. When the verb ends in the other consonants, use '–을 거예요'.

- 이번 주말에는 집에서 푹 쉴 거예요.   I'm going to relax a lot this weekend.
- 내일 몇 시에 오실 거예요?   What time are you coming tomorrow?
- 저녁에 불고기를 만들 거예요.   I'm going to make bulgogi for dinner.

(2) If the subject is third person, it indicates the speaker's assumption or guess. In this case, it can be used with either an action or a descriptive verb.

- 이번 겨울은 좀 추울 거예요.   This winter will be somewhat cold.
- 영수 씨가 요즘 좀 바쁠 거예요.   Youngsoo must be somewhat busy these days.
- 기차가 곧 도착할 거예요.   The train will soon arrive.

02 만

It is used with a noun or an adverb to express the meaning of 'only, just'.

- 10분만 자고 싶어요.   I want to sleep for just 10 minutes.
- 한 개만 주세요.   Give me just one, please.
- 당신만 사랑해요.   I love only you.
- 잠깐만 기다리세요.   Wait just a moment.
- 조금만 더 주세요.   Give me just a little more, please.

05 정리해 봅시다

● **읽어 봅시다** [CD2: 36]

1. 이일이사의 삼사육칠이에요
2. 누굴 찾으십니까?
3. 늦으면 전화할게요
4. 잠깐만 기다리세요

● **확인해 봅시다**

I

연결하십시오.

[보기] 전화번호 좀 가르쳐 주세요. ●　　　　　　　● 가) 네, 그런데요.

1) 마리아 씨 계세요? ●　　　　　　　● 나) 바로 전데요.

2) 전화벨이 울려요. ●　　　　　　　● 다) 이일이삼의 이일일사예요.

3) 여보세요. 거기 병원이지요? ●　　　　　　● 라) 제가 받을게요.

4) 제임스 씨 좀 바꿔 주세요. ●　　　　　　● 마) 아니요, 지금 확인할게요.

5) 민철 씨하고 통화했어요? ●　　　　　　● 바) 그럼 핸드폰을 끌게요.

6) 음성메시지를 남겼어요. 들었어요? ●　　● 사) 잠깐만 기다리세요.

7) (극장에서) 영화가 시작돼요. ●　　　　● 아) 아니요, 통화 중이었어요.

알맞게 연결한 개수가...

~4개 　　5개 ~ 6개 😐　　7개 🙂

정리

II
아래 문법을 한 번 이상 써서 이야기를 만드십시오.

[보기]　　　　−을게요　　　　　　　−을 거예요　　　　　　　−으면

[보기] "다시는 술을 마시고
운전하지 않을게요.
술을 마시면 택시를 탈게요."

[보기]

이 사람은 술을 마시고
운전하지 않을 거예요.
술을 마시면 택시를 탈 거예요.

이 남자는 ....
....
....

앞으로 아이는 ....
....
....

정리

III

01 다음 표현을 가능한 많이 써서 전화 대화를 만드십시오.

-씨 계십니까?	바로 전데요.	누굴 찾으십니까?
잠깐만 기다리세요.	전화 바꿨습니다.	죄송합니다.
미안하지만...	지금 없는데요.	다시 걸겠습니다.

가: 여보세요?

나:

가:

나:

가:

나:

가:

나:

가:

나:

가:

나:

02 선생님한테서 문자메시지가 왔습니다.
아래에 쓰고 선생님께 직접 문자메시지를 보내십시오.

Korea and cell phones

People say that Korea has the highest rate of cell phone use in the world. International companies come to Korea to test their new cell phone features in the market. Koreans are known for doing things quickly and in groups. Therefore word of new and convenient features qrickly spreads. When Misun showed me her new cell phone with televison I had a great time exploring this new technology.

I noticed that Koreans often exchange cell numbers, even at the first meeting. They also tend to quickiy switch cell phone models in order to be up to date with the latest features. In America, we usually only let close people know our cell-phone number, and we don't change models as often.

I also use my cell phone actively in Korea. I send text messages, take pictures, play games, and listen to Korean songs.

여러분은 휴대전화로 무엇을 합니까? 표시해 보세요.

( ) sending text messages	( ) taking pictures	( ) taking video
( ) playing games	( ) playing credit card	( ) finding a person
( ) watching TV	( ) shopping	( ) listening to music
( ) watching movies		

Important phone numbers

Sometimes you might need to make an emergency call, like when you need ambulance, or when you need the police. Do you know what number to call at these times? It's helpful to know.

Important phone numbers

Police: 112

Time announcement service: 116

Weather service: 131

Directory : 114

Medical emergency and fire: 119

Tour service: 1330

There are other important phone numbers other than those listed above. When a land line telephone is out of order, you can call 110. When water service doesn't work, call 121. When the electricity is out, call 123. And if you want to report environmental pollution, the number is 128.

If you need tourist information, call 134. For traffic information, call 1333. When you suddenly become sick, need information about nealth care, or information about hospitals, call 1339.

When using a cell phone, if you want to get information about a telephone number, you should enter the area code first and then 114. For example, if you live in Seoul, press 02 114 to get information. If you don't push the area code but just 114, it will be connected to the mobile communication company that you use.

여러분 나라의 주요 전화번호는 몇 번입니까?

경찰:	전화번호 안내:
시간 안내:	화재 신고:
날씨 안내:	

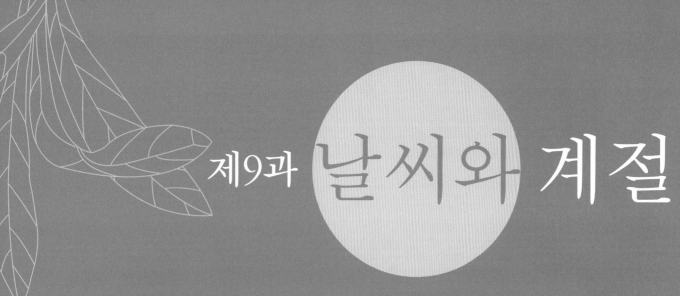

제9과 날씨와 계절

01 저는 스키를 탈 수 있는 겨울이 좋아요

학습 목표 ● 과제 계절에 대해 말하기 ● 문법 –는데, –은데, –을 수 있다 ● 어휘 계절 관련 어휘

지금은 무슨 계절입니까?
왜 그렇게 생각합니까?

CD2: 37~38

미선	저는 봄을 좋아하는데 제임스 씨는 어느 계절을 좋아하세요?
제임스	저는 스키를 탈 수 있는 겨울이 좋아요.
미선	스키를 좋아하세요?
제임스	네, 겨울이 되면 스키장에 자주 가요.
미선	그럼 이번 겨울에는 같이 스키장에 갈까요?
제임스	아! 그거 좋은 생각이에요.

봄
spring

계절
season

스키
ski

되다
to become

스키장
ski resort

생각
thought

어휘

계절

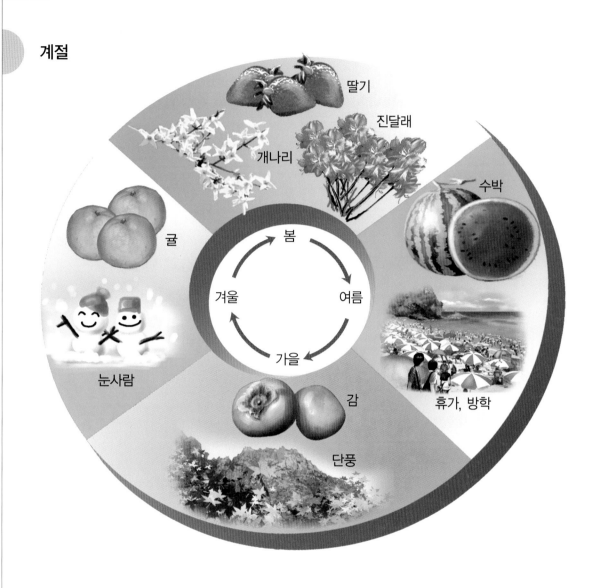

- 그림을 보고 연결하십시오.

진달래꽃이 핍니다. •

스키를 탑니다. •

수박을 먹습니다. •

[보기] 단풍 구경을 갑니다. •

수영을 합니다. •

눈사람을 만듭니다. •

• 봄

• 여름

• 가을

• 겨울

문법 연습

 01

-는데, -은데

1) 연결하고 문장을 만드십시오.

[보기] 여름은 덥습니다. •   • 물냉면은 맵지 않습니다.

➜ _____

❶ 비빔냉면은 맵습니다. •   • 영화는 재미없습니다.

➜ _____

❷ 책은 재미있습니다. •   • 겨울은 춥습니다.

➜ 여름은 더운데 겨울은 춥습니다.

❸ 형은 큽니다. •   • 저녁에는 한가합니다.

➜ _____

❹ 아침에는 바쁩니다. •   • 저는 작습니다.

➜ _____

2) 비교하여 말하십시오.

[보기] 서울은 복잡한데 우리 고향은 사람이 많지 않아요.

❶ 서울과 여러분의 고향

❷ 도시와 시골

❸ 한국 음식과 여러분 나라 음식

-을 수 있다

02

1) 쓰십시오.

[보기] 한국말을 해요. ➡ 한국말을 할 수 있어요.

❶ 한국 음식을 만들어요. ➡ ....

❷ 한국 신문을 읽어요. ➡ ....

❸ 스케이트를 타요. ➡ ....

2) 묻고 대답하십시오.

질문	친구 1 :	친구 2 : ....
한국 음식	O	X
운전		
스케이트		
태권도		
한국 노래		
피아노		

[보기] 가: 한국 음식을 만들 수 있어요?

나: 네, 만들 수 있어요. / 아니요, 만들 수 없어요.

과제 1   말하기

묻고 대답해서 표를 완성하십시오.

[보기] 가: 저는 겨울을 좋아하는데 ....씨는 어느 계절을 좋아하세요?
나: 봄을 좋아해요.
가: 왜 봄을 좋아해요?
나: 꽃이 많이 피어서 좋아요.

	친구 이름	계절	이유
1	....		
2	....		
3	....		

01 읽고 대답하십시오.

> 한국에는 봄, 여름, 가을, 겨울 사계절이 있습니다.
>
> 봄에는 꽃이 많이 핍니다.
>
> 주말이면 사람들은 아름다운 꽃이 핀 공원이나 산에 갑니다.
>
> 여름에는 사람들이 산이나 바다로 휴가를 갑니다.
>
> 가을에는 단풍이 아름답습니다.
>
> 그래서 등산하는 사람들이 많습니다.
>
> 겨울에는 눈이 오고 바람이 많이 붑니다.

1) 무엇에 대한 글입니까?

❶ 한국의 계절　　　　　　❷ 취미생활

❸ 주말여행　　　　　　　❹ 한국의 날씨

2) 어느 계절에 하는 말입니까? 연결하십시오.

봄　•　　　　　　　　•"여의도로 벚꽃 구경 가요."

여름•　　　　　　　　•"이 산은 빨간 단풍이 정말 아름다운데요."

가을•　　　　　　　　•"눈이 오는 날 학교 앞에서 만나요."

겨울•　　　　　　　　•"이번 휴가는 바다로 가요."

02 여러분 나라의 계절을 소개하십시오.

사계절 four seasons　**등산하다** to mountain climb　**바람이 불다** to be windy, to blow
의 of　**취미** hobby　**생활** life　**벚꽃** cherry blossom

Dialogue

Misun	I like Spring. Which season do you like, James?
Misun	I like Spring. Which season do you like, James?
James	I like winter when I can go skiing.
Misun	Do you like skiing?
James	Yes, I go skiing often in winter.
Misun	Let's go skiing together this winter.
James	Oh, that's a good idea.

문법 설명

01 –는데, –은데/ㄴ데

This connective ending is used with a verb stem. It indicates that the following clause is the opposite result or situation from the fact in the first clause. Also it is used to refer to two facts that contradict each other. With an action verb, use '–는데'. For a descriptive verb, use '–은데/ㄴ데'. If the descriptive verb ends in a vowel, use 'ㄴ데'. If it ends in a consonant, use '–은데'.

• 저는 농구를 좋아하는데 친구들은 야구를 좋아합니다.	I like basketball but my friends like baseball.
• 서울은 복잡한데 여기는 그렇지 않군요.	Seoul is busy but this place is not.
• 저는 영화를 보고 싶은데 친구들은 연극을 보고 싶어해요.	I want to watch a movie but my friends want to watch a play.
• 내일 시험을 보는데 공부하기가 싫어요.	I'm taking a test tomorrow but I don't want to study.
• 친구는 많은데 이야기할 사람이 없어요.	I have many friends but no one to talk to.

02 −을/ㄹ 수 있다

This form is used with an action verb stem to indicate ability or the possibility of an action. If there is no ability or possibility, use '−을/ㄹ 수 없다'. If the verb stem ends in a vowel or '르', use '−ㄹ 수 있다'. If the verb stem ends in a consonant, use '−을 수 있다'.

• 나도 한국말을 할 수 있습니다.	I can speak Korean, too.
• 내일은 한가하니까 갈 수 있어요.	I'm free tomorrow, so I can go.
• 여기서 좌회전을 할 수 있습니까?	Can you turn left here?
• 한국 신문은 어려워서 읽을 수 없습니다.	Korean newspapers are difficult, so I can't read them.
• 길이 복잡해서 운전할 수 없습니다.	The roads are complicated, so I can't drive.

02 날씨가 조금 흐린데요

학습 목표 ● 과제 오늘 날씨 말하기 ● 문법 –은 후에, –겠–² ● 어휘 날씨 관련 어휘

제임스와 미선이 무엇을 합니까?
날씨가 어떻습니까?

CD2: 39~40

미선　　오늘 날씨가 조금 흐린데요.

제임스　네, 하늘에 구름이 좀 꼈어요.

미선　　바람도 좀 부는데요.

제임스　아마 저녁에는 비가 올 거예요.

미선　　비가 온 후에는 날씨가 맑겠지요?

제임스　네, 내일은 맑을 거예요.

흐리다
to be cloudy

하늘
sky

구름이 끼다
to be cloudy,
to become
cloudy

맑다
to be fine

어휘

날씨

흐리다　　개다　　맑다

구름이 끼다　　안개가 끼다

비가 오다/내리다 ➡ 비가 그치다　　눈이 오다/내리다 ➡ 눈이 그치다

바람이 불다　　바람이 강하다　　바람이 약하다

● 어떤 날씨입니까? 그림을 보고 이야기하십시오.

[보기]　❶　❷　❸　❹

비가 와요.

문법 연습

-은 후에

01

1) 한 문장으로 만드십시오.

[보기] 밥을 먹습니다. 그리고 커피를 마십니다.

➜ 밥을 먹은 후에 커피를 마십니다.

❶ 점심을 먹습니다. 커피를 마십니다.

➜ _____

❷ 결혼식을 합니다. 신혼여행을 갑니다.

➜ _____

❸ 숙제를 합니다. 친구를 만납니다.

➜ _____

❹ 이를 닦습니다. 아침을 먹습니다.

➜ _____

❺ 인터넷으로 예매를 합니다. 극장에 가서 표를 받습니다.

➜ _____

2) 무엇을 먼저 합니까? 말하십시오.

[보기] 아침에... 밥을 먹다, 이를 닦다

➜ 아침에 저는 이를 닦은 후에 밥을 먹어요.

❶ 옷을 입을 때... 바지를 입다, 양말을 신다

❷ 외출하기 전에... 화장하다, 옷을 입다

❸ 학교에 와서... 자리에 앉다, 친구와 인사하다

❹ 집에 가서... 점심을 먹다, 숙제를 하다

❺ 자기 전에... 세수를 하다, 잠옷을 입다

02

1) 말하십시오.

[보기] 어제 밤에 1시에 잤습니다.
→ 피곤하겠습니다.

❶ 내일 친구들과 제주도에 갑니다.

→

❷ 아침과 점심을 안 먹었습니다.

→

❸ 친구들한테서 생일 선물을 많이 받았습니다.

→

❹ 도서관에서 일합니다.

→

2) 읽고 추측하는 문장을 만드십시오.

정우 씨는 서울에 사는 회사원입니다. 정우 씨는 가족이 많습니다. 결혼을 해서 아내와 아들 둘, 딸이 셋이 있습니다. 그리고 아버지, 어머니와 같이 삽니다. 집 근처에 공원이 있습니다. 공원이 크고 깨끗합니다.

[보기] 가족이 많아서 재미있겠습니다.

❶

❷

❸

과제 1 말하기

01 지도를 보고 묻고 대답하십시오.

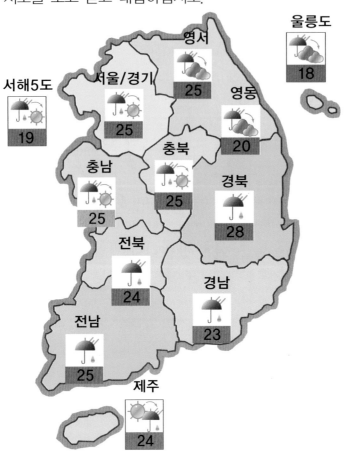

[보기] 가: 오늘 서울 날씨가 어떨까요?

나: 오전에 비가 온 후에 오후에는 개겠어요.

02 한 곳을 골라 생활 날씨를 말하십시오.

[보기] "우산을 준비하세요. 자동차는 다음에 닦으세요.

운동은 실내에서 하세요."

생활 날씨 living weather   **우산** umbrella   **준비하다** to prepare   **실내** indoor

01 듣고 대답하십시오.

1) 언제 들을 수 있는 일기예보입니까?

❶ 밤   ❷ 아침

❸ 낮   ❹ 저녁

2) 날씨가 어떻게 변합니까? 쓰십시오.

❶ 전남 : 비가 옵니다. ➜ ....

❷ 서울 : .... ➜ ....

3) 서울에서 일기예보를 듣고 하는 말입니다. 맞는 것을 고르십시오.

❶ 눈이 오니까 일찍 출근하세요.

❷ 오늘은 바람이 안 불어서 좋아요.

❸ 오늘 밤에는 우산을 준비하세요.

❹ 오후에 빨래를 합시다.

일기예보 weather forecast   **남쪽** south   **지방** area, district   **출근** to go to work   **빨래** laundry   **전국** the whole country   **낮** day

Dialogue

Misun	It's a little cloudy today.
James	Yes, there are some clouds in the sky.
Misun	And it's windy, too.
James	It's probably going to rain in the evening.
Misun	It'll clear up after the rain, won't it?
James	Yes, it'll be clear tomorrow.

문법 설명

01 -은/ㄴ 후에

It is used with an action verb stem to indicate the end of the action in the first clause and the subsequent result in the second clause. Verb stems ending in a vowel take '-ㄴ 후에', and verb stems ending in a consonant take '-은 후에'.

- 식사한 후에 차를 마십니다.   I drink tea after eating.
- 내 말을 들은 후에 질문하세요.   Ask questions after I'm finished talking.
- 학교를 졸업한 후에 뭘 하시겠어요? What will you do after you graduate from school?

After nouns, don't use the modifier '-은/ㄴ'; and instead use only '-후에'.

- 30분 후에 다시 걸겠습니다.   I'll call again in("after") 30 minutes.
- 퇴근 후에 한잔 합니다.   I have a drink afer work.
- 일 년 후에 결혼하겠어요.   I'll get married in("after") a year.

02 −겠−²

This suffix is used with a verb stem to express an assumption or supposition based on the current situation or state.

- 제목을 보니까 이 영화가 재미있겠어요. Looking at the title, the movie seems to be interesting.

- 주말이라서 교통이 복잡하겠어요. The traffic must be busy because it's the weekend.

- 일이 많아서 금방 끝내기가 힘들겠어요. It will prbably be hard to finish the work soon because there's so much.

- 피아노를 잘 치니까 훌륭한 음악가가 되겠어요. You'll be a great pianist because you can play very well.

- 하늘을 보니까 오후에는 비가 오겠어요. Looking at the sky, it seems it will rain tomorrow.

03 오늘보다 따뜻할 것 같아요

학습 목표 ● 과제 날씨 비교하여 말하기 ● 문법 보다, –을 것 같다 ● 어휘 날씨 관련 어휘

제임스는 무엇을 질문하고 있습니까?
미선은 무슨 계절을 말하고 있습니까?

🔊 CD2: 42~43

제임스	내일은 날씨가 어떨까요?
미선	오늘보다 따뜻할 것 같아요.
제임스	미선 씨 고향은 겨울에 날씨가 어때요?
미선	남쪽이니까 서울보다 따뜻해요.
제임스	여름에는 날씨가 어때요? 더워요?
미선	네, 덥고 비가 많이 와요.

보다
than

날씨

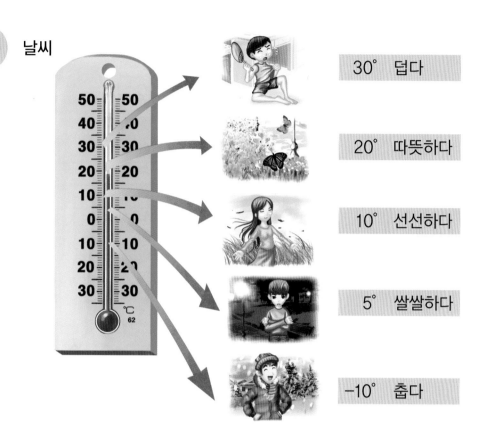

30°	덥다
20°	따뜻하다
10°	선선하다
5°	쌀쌀하다
-10°	춥다

● 지도를 보고 아래 도시의 날씨를 쓰십시오.

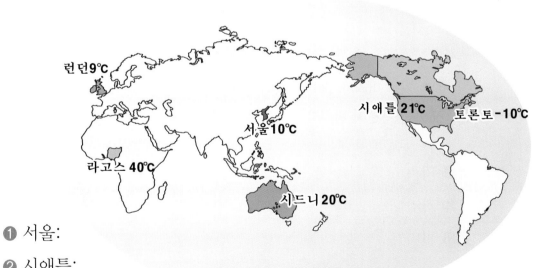

① 서울:

② 시애틀:

③ 시드니:

④ 라고스:

⑤ 토론토:

[보기] 런던: 선선합니다.

문법 연습

보다

01 말하십시오.

마리   앤

[보기] 눈: 마리가 앤보다 눈이 커요.
　　　　　앤이 마리보다 눈이 작아요.

❶ 머리

❷ 가방

❸ 치마

❹ 키

❺ 커피

-을 것 같다

02 말하십시오.

[보기] 엄마는 쇼핑을 한 것 같아요.
가방이 무거운 것 같아요.

❶ 할아버지
❷ 할머니
❸ 누나
❹ 형
❺ 동생

과제 1 쓰기

● 여러 나라의 6월 날씨입니다.

볼리비아(라파스)	일본(도쿄)	베트남(하노이)	뉴질랜드(크라이스처치)
구름 조금 37℃	구름 많음 27℃	맑음 20℃	흐리고 비 10℃

01 어느 나라 날씨 이야기입니까?

❶ "선선할 거예요."   (   )

❷ "따뜻할 거예요."   (   )

❸ "조금 덥고 습할 거예요."   (   )

❹ "아주 더워서 바닷가에 가면 좋을 거예요."   (   )

02 그림을 보고 두 나라의 날씨를 비교하십시오.

[보기] 볼리비아와 뉴질랜드 – 볼리비아가 뉴질랜드보다 더 덥습니다.
　　　　　　　　　　　뉴질랜드가 볼리비아가보다 습합니다.

❶ 볼리비아와 일본– ....

　　　　　　　　 ....

❷ 일본과 뉴질랜드– ....

　　　　　　　　 ....

❸ 베트남과 뉴질랜드– ....

　　　　　　　　 ....

습하다 to be humid　　**바닷가** beach　　**더** more

320

01 여러분 고향의 날씨 이야기를 쓰십시오.

> [보기] 한국의 날씨를 소개하겠습니다. 한국에는 사계절이 있습니다.
>
> 봄, 여름, 가을, 겨울입니다.
>
> 봄은 3,4,5월이고 날씨가 따뜻하지만 바람이 좀 붑니다.
>
> 여름은 6,7,8월입니다. 아주 덥고 비가 많이 옵니다. 7월은 비가
>
> 자주 오는 장마철입니다.
>
> 가을은 9,10,11월입니다. 시원하고 날씨가 참 좋습니다.
>
> 겨울은 12,1,2월입니다. 춥고 눈이 옵니다. 눈이 오면 아이들은
>
> 눈사람을 만들고 눈싸움도 합니다.

02 친구들에게 고향 날씨를 물어보고 여러분 고향 날씨와 비교해서 말하십시오.

> [보기] 일본도 사계절이 있습니다.
>
> 일본은 한국보다 덥습니다.
>
> 여름에 한국보다 더 습합니다.

장마철 monsoon season **눈싸움** snow fight

Dialogue

James	What will the weather be like tomorrow?
Misun	I think it will be warmer than today.
James	How's the winter weather in your hometown?
Misun	It's warmer than Seoul since it's in the south.
James	What's the weather like in summer? Is it hot?
Misun	Yes, it's hot and it rains a lot.

문법 설명

01 보다

This particle is used with a noun to make a comparison of two objects. The noun in front of '보다' is the object compared.

• 언니가 동생보다 커요.	The older sister is taller than the younger sister.
• 한국말이 영어보다 더 어려워요.	Korean is more difficult than English.
• 어제보다 오늘이 더 추워요.	Today is colder than yesterday.
• 저는 불고기보다 갈비를 더 좋아해요.	I like galbi more than bulgogi.
• 지하철이 버스보다 더 빨라요.	The subway is faster than the bus.

02 -을/ㄹ 것 같다

It is used with a verb stem to indicate the assumption of the action or state that will take place in the future. When the verb stem ends in a vowel, use '을 것 같다'. When the verb stem ends in a consonant, use '-을 것 같다'.

• 너무 배가 고파서 많이 먹을 것 같아요.	I'm so hungry that I think I'll end up eating a lot.
• 곧 비가 올 것 같아요.	It seems like it will rain soon.
• 미선 씨는 목소리가 예뻐서 노래를 잘 부를 것 같아요.	Misun has a good voice and it seems like she can sing well.
• 이 음식은 너무 매울 것 같아요.	This food seems to be too spicy.
• 이번 시험이 어려울 것 같아요.	It seems that the exam will be very difficult.

04 저기에서 사람들이 운동을 하고 있어요

학습 목표 ● 과제 계절 활동 말하기 ● 문법 −는군요, −고 있다 ● 어휘 계절 활동 관련 어휘

두 사람은 무슨 이야기를 합니까?
미선 씨는 계절마다 무슨 운동을 합니까?

🔊 CD2: 44 ~ 45

제임스   봄이 되니까 산책하는 사람이 많군요.

미선   저기에서 사람들이 운동을 하고 있어요.

제임스   미선 씨는 무슨 운동을 자주 하세요?

미선   봄에는 등산을 하고 여름에는 수영을 해요.

제임스   한국 사람들은 등산을 참 좋아하는 것 같아요.

미선   산이 많아서 그럴 거예요.

등산
hiking

수영
swimming

어휘

계절 활동

소풍을 가다
꽃구경을 가다
스키를 타다
눈싸움을 하다
피서를 가다
해수욕장
야영을 하다
눈사람을 만들다
단풍 구경을 가다
독서하다

봄
겨울
여름
가을

● 다음 계절에 무엇을 합니까? 쓰십시오.

봄	여름	가을	겨울
[보기] 소풍을 가요.			

문법 연습

01

[-는군요]

1) 말하십시오.

[보기] 날씨가 덥습니다. ➜ 날씨가 덥군요.

❶ 음식이 맛있습니다. ➜

❷ 노래를 잘 합니다. ➜

❸ 영화를 자주 봅니다. ➜

2) 기네스북을 보고 말하십시오.

이름: 잔느 루이스

국적: 프랑스

나이: 122살

이름: 로버트 퍼싱

국적: 미국

키: 272cm(8ft 11in)

이름: 더글라스
  클라우디아

국적: 브라질

키: 90cm, 93cm

[보기]

나이가 정말 많군요!

이름: 존 브라우어

국적: 미국

무게: 635kg

이름: 파다웅족 여인

국적: 미얀마

목 길이: 40cm

이름: 줄리아 로버츠
  카메론 디아즈

영화 한 편 출연료:
  $20,000,000

02

 -고 있다

1) 질문에 대답하십시오.

> [보기] 지금 무엇을 하고 있어요?
>   텔레비전을 보고 있어요.

❶ 지금 무엇을 하고 있어요?

_____

❷ (어제 저녁 7시에 전화를 했습니다.) 그때 무엇을 하고 있었어요?

_____

2) 그림을 보고 말하십시오.

[보기] 지금 신문을 보고 있어요.

01 사람들이 무엇을 하고 있습니까? 묻고 대답하십시오.

[보기] 가: 아이들이 무엇을 하고 있습니까?

　　　　나: 모래로 집을 짓고 있습니다.

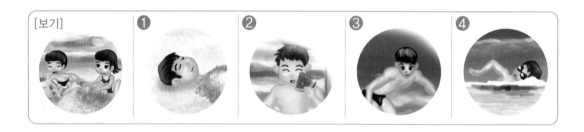

02 그림을 보고 설명하십시오.

[보기] 아이들이 모래로 집을 짓고 있어요.

　　　　그 옆에서 사람들이 수박을 먹고 있어요.

모래 sand　**짓다** to build

과제 2 듣기 [CD2: 46] ●

01 지금은 무슨 계절입니까?

02 듣고 같으면 ○, 다르면 X 표시를 하십시오.

❶ 강릉에는 산이 있어요. ( )

❷ 주말에 날씨가 추울 것 같아요. ( )

❸ 이 사람은 가족과 수영할 거예요. ( )

❹ 요즘 단풍이 있어서 산이 아주 아름다워요. ( )

요즘 these days **강릉** Gangneung

Dialogue

James	Spring is here, so there are lots of people going on walks.
Misun	People are exercising over there.
James	What kind of exercise do you often do?
Misun	I go mountain climbing in the spring and swim in the summer.
James	It seems that Koreans like hiking.
Misun	It must be because there are many mountains.

문법 설명

01 –는군요/군요

This final ending is used with a verb to express a fact that the speaker just realized with an exclamatory remark. Use '–군요' with a descriptive verb. Use '–는군요' with an action verb. Tense maker '았/었/였' or '겠' can be used in front of this ending.

• 매운 음식을 잘 잡수시는군요.	You eat spicy food very well.
• 아, 저 분이 영수 씨 아버님이시군요.	Oh, that man is Youngsoo's father.
• 방이 참 넓군요.	The room is very big.
• 미선 씨가 어머님을 닮았군요.	Misun resembles her mother.
• 어제 잠을 못 자서 아주 피곤하겠군요.	You must be tired because you didn't sleep well yesterday.

02 −고 있다

It is used with an action verb stem to indicate that the action is ongoing.

- 연세대학교에서 한국말을 배우고 있습니다.

  I'm learning Korean at Yonsei University.

- 저기 뛰어가고 있는 사람이 우리 오빠예요.

  That man running over there is my brother.

- 음악을 듣고 있는데 아버지가 방에 들어오셨어요.

  My father came into my room when I was listening to music.

- 무슨 일을 하고 계십니까?

  What do you do for a living?

- 지금 뭐 하고 있어요?

  What are you doing now?

정리해 봅시다

● 읽어 봅시다 [CD2: 47]

1. 스키를 탈 수 있는 겨울이 좋아요

2. 날씨가 조금 흐린데요

3. 따뜻할 것 같아요

4. 산이 많아서 그럴 거예요

● 확인해 봅시다

I

표를 완성하십시오.

감	귤	독서를 하다	수박
눈이 오다	단풍 구경을 하다	춥다	스키를 타다
꽃구경을 가다	시원하다	눈사람을 만들다	따뜻하다
선선하다	덥다	딸기	피서를 가다

	과일	날씨	활동
봄			
여름			
가을			
겨울			

만든 개수가...

~7개 　　8개~11개 　　12~16개 ☺

정리

II

아래 표현을 4개 이상 써서 이야기를 하십시오.

-을 수 있다/없다	-은 후	-겠-	보다
-은/는/을 것 같다	-고 있다	-는데	-은데/ㄴ데

[보기] 지난 주말에 무엇을 했습니까?

지난 주말에는 점심을 먹은 후에 TV를 봤습니다. TV에서는 코미디를 하고 있었습니다. 저는 코미디보다 영화를 좋아합니다. 코미디는 이해할 수 없습니다. 코미디를 보면 한국 친구들은 웃는데 저는 웃지 않습니다. 조금 후에 영화를 시작해서 영화를 봤습니다. 영화는 조금 알 수 있었습니다.

1) 어제 무엇을 했습니까?

2) 다음 방학에 무엇을 하겠습니까?

3) 수업 후에 무엇을 하겠습니까?

III

두 곳을 선택해서 비교하는 글을 쓰십시오.

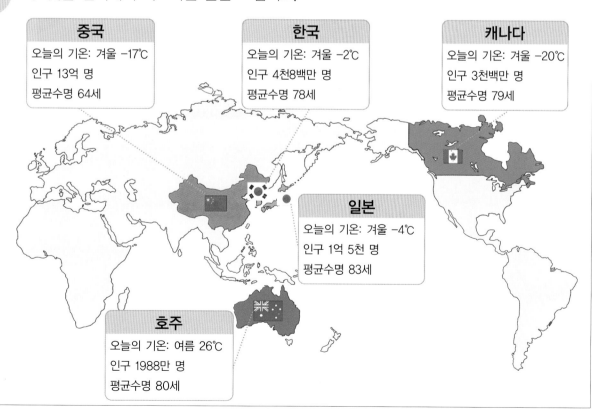

중국
오늘의 기온: 겨울 -17℃
인구 13억 명
평균수명 64세

한국
오늘의 기온: 겨울 -2℃
인구 4천8백만 명
평균수명 78세

캐나다
오늘의 기온: 겨울 -20℃
인구 3천백만 명
평균수명 79세

일본
오늘의 기온: 겨울 -4℃
인구 1억 5천 명
평균수명 83세

호주
오늘의 기온: 여름 26℃
인구 1988만 명
평균수명 80세

Spring flowers of Korea

Spring in Korea is beautiful with the bloom of yellow golden bells('Kenari') and pink azaleas('Jindale'). The flowers of golden bells bloom before the leaves come out. Yellow flowers are like small stars that bloom in bunches together. So when the golden bells bloom, the world suddenly becomes bright. Golden bells let people know that spring has arrived in the city. On the other hand, azaleas bloom in the mountains. When the mountains turn pink with azaleas, Koreans go to see the flowers. Some people even make rice-cake or wine with the azaleas.

Since long ago, the azalea has been loved by the Korean people. Misun said that in Korea there are many songs and poems about the flower, which embodies the sadness of the people. When I heard the pop song 'Azalea', which is inspired by a famous Korean poem, I felt a powerful sorrow, like a strong passion.

| 진달래 | 개나리 |

여러분 나라의 봄꽃은 어떤 것이 있습니까? 소개해 보십시오.

일본: 벚꽃

The rainy season and Yellow dust('Hwangsa')

There are two particular climate conditions that happen only in the spring and summer in Korea. These are yellow dust and the rainy season. Spring starts from March and lasts until May. It is a beautiful season because the weather is warm and pretty flowers bloom. But it is also windy, especially, in March and April. During this time, the wind blows from China and is mixed with tiny particles of dust. Many people suffer from colds, eye, or skin diseases because of this dust. As a result people wear masks or sunglasses during this time.

The Korean summer starts in June and ends in August. The month-long period from the end of June to the end of July is called '장마철,' which is the rainy season. Much damage occurs from floods or landslides, which result from heavy rains that can last for days. The rainy season ends around the end of July, at which point the vacation seasons starts. Even after the rainy season the weather is still hot and humid. The hottest time is called '삼복더위' and Koreans traditionally eat '삼계탕' to replenish the nutrition lost from sweating.

여러분 나라에서는 어떤 특별한 날씨가 있습니까?

제10과 휴일과 방학

01 설악산에 가려고 해요

학습 목표 ● 과제 계획 말하기 ● 문법 −으려고 하다, 동안 ● 어휘 휴일 관련 어휘

웨이는 무슨 생각을 합니까?
웨이는 무엇을 하고 싶어 합니까?

🔊 CD2: 48~49

정희 웨이 씨, 방학이 언제예요?

웨이 6월 초에 수업이 끝나면 2주 동안 방학이에요.

정희 그래요? 웨이 씨는 뭘 하실 거예요?

웨이 이번 방학에는 설악산에 가려고 해요.

정희 등산을 하실 거예요?

웨이 아니요, 이번에는 사진을 찍으러 가요.

초
beginning

끝나다
to finish

찍다
to take a
photograph

338

어휘

휴일

계획

| 계획이 없다 | 계획을 세우다 | 계획이 있다 |

● 쓰십시오.

| 공휴일 | 연휴 | 봄방학 | 여름방학 |

이제 2월입니다. 2월에는 쉬는 날이 많습니다. 먼저 '설날'이 있습니다.
설날은 3일 동안 쉬는 ([보기] 연휴)입니다. 학교도 회사도 쉽니다.
그리고 동생의 중학교 졸업식이 있습니다. 졸업식은 (   )은/는 아니
지만 집에서 쉽니다. 졸업식 후에 15일 동안 (   )이/가 있습니다.
이때 설악산에 갈 계획입니다.

문법 연습

01

-으려고 하다

1) 문장을 만드십시오.

[보기] 내년까지 한국어를 공부합니다. ➜ 내년까지 한국어를 공부하려고 해요.

❶ 오후에 영화를 봅니다. ➜ ....

❷ 한국 친구를 많이 사귑니다. ➜ ....

❸ 고향에 돌아간 후에 한국어 선생님이 됩니다.

   ➜ ....

2) 말하십시오.

[보기] 배가 고픕니다. ➜ 그래서 식당에 가려고 합니다.

❶ 다음 주에 시험이 있습니다. ➜ ....

❷ 비자가 필요합니다. ➜ ....

❸ 고향에서 친구가 옵니다. ➜ ....

❹ 내일이 친구의 생일입니다. ➜ ....

❺ 다음 달이 방학입니다. ➜ ....

동안

1) '동안'을 써서 대답하십시오.

> [보기]　가: 방학 동안 뭘 했어요?
>　　　　나: 방학 동안 일본에 있었어요.

❶ 얼마 동안 한국에서 공부했어요?

❷ 주말에 몇 시간 동안 한국말 공부를 했어요?

❸ 다음 방학 동안 뭘 할 거예요?

❹ 이번 학기 동안 하고 싶은 것이 있어요?

2) 친구들과 위와 같이 묻고 대답하십시오.

과제 1 쓰고 말하기

01 방학 여행 계획표를 만드십시오.

• **나의 방학 계획:** 여행
• **장소:** 설악산
• **시간:** 1주일
• **교통수단:** 버스
• **숙박:** 민박
• **준비물:** 등산화

• **나의 방학 계획:**
• **장소:**
• **시간:**
• **교통수단:**
• **숙박:**
• **준비물:**

02 방학에 무엇을 합니까? 묻고 대답하십시오.

[보기] 가: 방학이 언제예요?

나: 다음 주부터 1달 동안이에요.

가: 그때 무슨 계획이 있어요?

나: 여행을 가려고 해요

가: 어디로 가려고 해요?

나: 설악산으로 가려고 해요

가: 얼마 동안 가려고 해요?

나: 1주일 동안 갈 거예요.

가: 뭘 타고 갈 거예요?

나: 버스를 탈 거예요.

가: 어디에서 잘 거예요?

나: 민박을 할 거예요.

가: 뭘 가지고 갈 거예요?

나: 등산화를 가지고 갈 거예요.

준비물 things to prepare **등산화** hiking boots **가지다** to have

● 읽고 대답하십시오.

> 　　내일부터 두 달 동안 수업이 없습니다. 이번 6월과 7월에 저는 하고 싶은 일이 많습니다. 밀린 공부도 하고 친구도 만나고 운동도 하고 싶습니다. 시간이 있으면 이곳저곳 구경도 하고 싶습니다.
>
> 　　그래서 오늘 방학 계획을 세우려고 합니다. 한 달은 공부를 하고 한 달은 여행을 하려고 합니다. 친구를 만나고 운동을 하는 것은 틈틈이 하겠습니다. 그런데 저는 지금 공부도 하고 싶고 여행도 하고 싶습니다. 어제 시험이 끝났으니까 지금 저는 모르는 것을 빨리 공부하고 싶습니다. 그렇지만 지금은 한 학기가 끝나서 좀 피곤합니다. 그리고 다음 달인 7월은 휴가철입니다. 휴가철에는 이곳저곳 아주 복잡할 거예요.
>
> 　　그러니까 6월에 여행을 하고 7월에 공부를 할까요? 아니면 6월에 공부를 하고 7월에 여행을 할까요?

01 무엇에 대한 글입니까?

❶ 주말여행　　　　❷ 밀린 공부　　　　❸ 여름 방학 계획　　❹ 휴가철

02 이 사람이 방학 때 하고 싶은 것은 무엇입니까?

❶ 책 구경　　　　❷ 친구 집 방문　　　❸ 공부　　　　　　❹ 운동

03 이 사람은 어떻게 하는 게 좋을까요?

_____ 는 게 좋겠어요.

이유는 _____

_____

_____

밀리다 to be left undone　**이곳저곳** here and there　**틈틈이** in one's spare moments
학기 semester　**휴가철** holiday season　**방문** visit　**그러니까** (and) so　**아니면** or

Dialogue

Junghee	When is your vacation, Wei?
Wei	When classes finish at the beginning of June, I'll be on vacation for two weeks.
Junghee	Really? What are you going to do?
Wei	I'm going to go to Soraksan during the vacation.
Junghee	Are you going to climb the mountain?
Wei	No, I'm going to take pictures this time.

문법
설명

01 −으려고/려고 하다

This pattern is used with an action verb stem and expresses a plan or intention. Verb stems ending in a vowel take '−려고 하다', and verb stems ending in a consonant take '−으려고 하다'.

• 내일 대사관에 가려고 합니다.	Tomorrow I am planing to go to the embassy.
• 오후 몇 시에 출발하려고 합니까?	At what time(in the afternoon) do you plan to set off?
• 도서관에 가서 책을 읽으려고 합니다.	I plan to go to the library and read a book.
• 우리 아들은 의사가 되려고 합니다.	My son wants to become a doctor.
• 김밥을 만들려고 합니다.	I'm planning to make kimbab.

02 동안

It is used with a noun to indicate a period, meaning 'during the time'.

- 1년 동안 한국말을 배웠어요.   I have learned Korean for 1 year.
- 사흘 동안에 생각이 달라졌어요.   Within three days, I changed my opinion.
- 얼마 동안 운동을 하실 거예요?   For how long are you going to excercise?
- 방학 동안 여행을 많이 하고 싶어요.   I want to travel a lot during the vacation.
- 몇 달 동안 친구를 통 못 만났어요.   I couldn't see any friends at all for a few months.

02 시간이 있을 때는 여행을 가요

학습 목표 ● 과제 취미 활동 말하기 1 ● 문법 -을 때, 중에서 ~제일 ● 어휘 취미 활동 관련 어휘

두 사람은 무슨 이야기를 합니까?
정희는 시간이 있을 때 무엇을 합니까?

◀) CD2: 50~51

웨이   제 취미는 사진 찍기예요.

정희   그래요? 뭘 찍는데요?

웨이   주로 꽃을 찍어요. 정희 씨 취미는 뭐예요?

정희   시간이 있을 때는 여행을 가요.

　　　　그리고 영화 보는 것도 좋아해요.

웨이   여행하신 곳 중에서 어디가 제일 좋았어요?

정희   저는 제주도가 제일 좋았어요.

주로
mainly, mostly

중
among

제일
best

어휘

취미

영화 보기/영화 감상	음악 듣기/음악 감상	책 읽기/독서	사진 찍기
그림 그리기	노래 부르기	춤 추기	여행
낚시	운동	바둑	컴퓨터 게임

(등산, 요리)

● 연결하십시오.

[보기] 제 취미는 등산이에요. •

저는 음악 감상이 취미예요. •

저는 컴퓨터 게임을 좋아합니다. •

저는 매일 사진을 찍어요. •

저는 운동을 좋아해요. •

저는 노래를 좋아해서
노래방에 자주 가요. •

제 취미는 낚시예요. •

문법 연습

01

-을 때

1) 언제 쓰는 물건입니까?

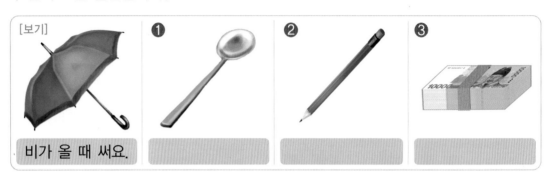

[보기]	❶	❷	❸
비가 올 때 써요.			

2) 표를 완성하십시오.

	나	친구 1:	친구 2:
기분이 좋습니다.	[보기] 기분이 좋을 때는 노래를 불러요.		
피곤합니다.			
심심합니다.			
기분이 좋지 않습니다.			

[보기] 가: 기분이 좋을 때 뭘 해요?

　　　　나: 기분이 좋을 때는 노래를 불러요.

중에서 ~제일

그림을 보고 대답하십시오.

[보기]　가: 어떤 음식이 맛있을까요?

　　　　나: 여기 있는 음식 중에서 케이크가 제일 맛있을 것 같아요.

❶ 누가 기분이 좋은 것 같아요?

❷ 어느 선물이 제일 비싸요?

❸ 누가 제일 키가 커요?

❹ 누가 제일 늦었어요?

과제 1 말하기

01 친구에게 묻고 표를 완성하십시오.

[보기] 가: 취미가 뭐예요?

나: 낚시예요.

가: 언제 낚시를 하세요?

나: 기분이 우울할 때 해요.

가: 어디에서 하세요?

나: 가까운 강에서 해요.

가: 누구하고 하세요?

나: 혼자 해요.

	영수	친구
취미	낚시	
언제	우울할 때	
어디에서	가까운 강	
누구하고	혼자	

02 친구의 취미를 발표하십시오.

[보기] 영수 씨 취미가 낚시예요. 영수 씨는 기분이 우울할 때 낚시를 해요. 가까운 강에서 혼자 해요.

우울하다 to be depressed   **강** river

과제 2 듣기 [CD2: 52] ●━━━

● 듣고 대답하십시오.

01 연결하십시오.

웨이 ●━━━━━━━━━━━━━━━━━━━━● 사진 찍기

●영화 보기

리에 ● ●책 읽기

●그림 그리기

제임스 ● ●음악 듣기

02 이 사람들은 언제, 어디에서 만납니까?

❶ 토요일 오전, 학교   ❷ 금요일 아침, 책방

❸ 토요일 오후, 공원   ❹ 토요일 저녁, 집

03 이 대화를 듣고 하는 말입니다. 맞는 것을 고르십시오.

❶ 제임스 씨는 집에서 자고 싶어 해요.

❷ 웨이 씨는 사람을 찍고 싶어 해요.

❸ 리에 씨가 내일 전화를 할 거예요.

❹ 다 같이 서울에서 제일 큰 책방에 가려고 해요.

책방 bookstore **경치** scenery

Dialogue

Wei	My hobby is taking pictures.
Junghee	Really? What do you take pictures of ?
Wei	I take pictures of flowers, mostly.
	What are your hobbies?
Junghee	I go on trips when I have time, and I like going to the movies, too.
Wei	Where do you like the best among the places you have been to?
Junghee	I like Jejudo the most.

문법
설명

01 -을/ㄹ 때

This ending is used with an action verb stem and indicates the time when the action occurs. Verb stems ending in a vowel take '-ㄹ 때', and verb stems ending in a consonant take '-을 때'. To indicate the time when the action is completed, use '-었(았,였)을 때'.

- 저녁을 먹을 때 손님이 오셨어요. When we were eating dinner, a visitor came.
- 버스를 탈 때 조심하세요. Be careful when you get on the bus.
- 공항에 도착했을 때는 밤이었어요. When we arrived at the airport, it was night.

'-때' is attached to a noun instead of '-을/ㄹ 때'.

- 점심 때 lunch time
- 시험 때 exam time

- 방학 때   vacation time
- 크리스마스 때   Christmas time

02 중에서

It is used together with nouns of type, or enumerated nouns : it means 'among'.

- 한국 음식 중에서 무엇이 제일 맛이 있어요?   What is most delicious among Korean foods?
- 고기하고 생선 중에서 저는 생선을 좋아해요.   Between meat and fish, I prefer fish.
- 한국에 있는 산 중에서 설악산이 제일 유명해요.   Among mountains in Korea, Mt. Sorak is the most famous.
- 이 중에서 사고 싶은 것을 고르세요.   Choose what you want to buy among these.
- 운동 중에서 여름에 쉽게 할 수 있는 운동은 수영이에요.   The sport (among many sports) you can do easily in summer is swimming

03 극장에 자주 못 가요

학습 목표 ● 과제 취미 활동 말하기 2 ● 문법 에 ~쯤, 못 ● 어휘 영화 관련 어휘

두 사람은 무슨 이야기를 합니까?
웨이는 어떤 영화를 좋아합니까?

CD2: 53~54

정희	웨이 씨는 영화를 자주 보세요?
웨이	아니요, 바빠서 극장에 자주 못 가요.
	한 달에 한 번쯤 가요.
정희	어떤 영화를 좋아하세요?
웨이	슬픈 영화를 좋아해요.
정희	주말에는 표 사기가 어렵지요?
웨이	네, 그런데 요즘에는 인터넷으로 예매할 수 있어서 편해요.

슬프다
to be sad

어렵다
to be hard

인터넷
internet

예매하다
to book tickets

편하다
to be convenient

영화

공포 영화	액션 영화	코미디 영화	전쟁 영화
만화 영화	멜로 영화	공상 과학 영화	가족 영화

● 무슨 영화를 보고 한 말일까요?

"아주 무서웠어요." .... 공포 영화

"너무 웃어서 배가 아파요." ....

"그림이 귀엽고 색이 예뻐요." ....

"두 사람의 사랑 이야기가 참 아름다웠어요." ....

"정말 로봇이 밥을 해 주는 때가 올까요?" ....

"이 세상에 총과 칼이 없으면 좋겠어요." ....

"주인공이 태권도를 정말 잘하는군요." ....

어휘

예매, 예약

예매하다	예약하다

● 연결하십시오.

[보기] 음악회 표 •

식당 •

호텔 •

축구경기 표 •

• 예약하다

• 예매하다

문법 연습

에 ~쯤

01

친구와 묻고 대답하십시오.

영화	한 달에	두 번쯤
운동	에	쯤
여행	에	쯤
쇼핑	에	쯤
데이트	에	쯤
외식	에	쯤

[보기] 가: 얼마나 자주 영화를 봅니까?

나: 한 달에 두 번쯤 봅니다.

못

02

표를 완성하십시오.

못하는 것		
운동	[보기] 스키	저는 스키를 못 타요.
외국어		
술		
음식		

● 듣고 대답하십시오.

01 마리아 씨는 무슨 영화를 봤습니까?

02 이 영화는 어떤 영화입니까?

❶ 멜로 영화

❷ 공포 영화

❸ 가족 영화

❹ 코미디 영화

03 맞으면 O, 틀리면 X 하십시오.

1) 마리아 씨는 어제 친구와 책을 읽었습니다. ( )

2) 영화의 주인공은 병에 걸린 아이입니다. ( )

3) 이 영화에서 주인공은 죽습니다. ( )

4) 마리아 씨 생각에 민철 씨도 아마 이 영화를 보고 울 것 같습니다. ( )

5) 마리아 씨는 가족과 같이 이 영화를 봤습니다. ( )

감동적 to be touching **살** years of age **아이** child **병** illness **때문에** because (of)
병에 걸리다 to be ill **죽다** to die **꼭** certainly, in any case **울다** to cry

01 친구와 묻고 대답하십시오.

1) 어떤 영화를 좋아하세요?

2) 극장에 얼마나 자주 가세요?

3) 극장에 보통 누구하고 가세요?

4) 요즘 무슨 영화를 봤습니까?

5) 그 영화가 어땠습니까?

6) 본 영화 중에서 무슨 영화가 제일 재미있었습니까?

7) 좋아하는 배우나 감독이 있습니까?

8) 왜 좋아합니까?

02 위의 내용을 글로 쓰십시오.

배우 actor   **감독** director

Dialogue

Junghee	Do you often go to the movies?
Wei	No, I can't go to the movies often because I'm busy! I go to the movies about once a month.
Junghee	What kind of movies do you like?
Wei	I like sad movies.
Junghee	It's hard to buy the tickets on the weekend, isn't it?
Wei	Yes, but you can book them through the internet these days, which is convenient.

문법 설명

01 에 ~쯤

This particle is used with a noun of number or with noun-counting units to indicate a base of units or calculation. '쯤' attaches to a noun to roughly express the quality, time, or place, etc.

• 하루에 8시간쯤 자요.	I sleep about 8 hours a day.
• 일주일에 한 번쯤 친구들을 만나요.	I meet friends about once a week.
• 1년에 두 번쯤 여행을 가요.	I travel about twice a year.
• 하루에 5개쯤 만들어요.	I make about five a day.
• 굴 세 개에 1,000원쯤 해요.	Tangerine is about 1000 won for three.

02 못

This adverb is used in front of an action verb, meaning 'not being able to', or 'not having the capability'. When used with '–하다' verbs, it should be right in front of '–하다'.

• 매운 음식을 못 먹어요.	I can't eat spicy food.
• 한자를 안 배워서 못 읽어요.	I can't read Chinese characters because I haven't studied them.
• 어릴 때는 물이 무서워서 수영을 못했어요.	I couldn't swim when I was young because I was afraid of water.
• 너무 피곤해서 시계 소리를 못 들었어요.	I couldn't hear the alarm because I was too tired.
• 한국은 교통이 너무 복잡해서 운전을 못하겠어요.	I can't drive in Korea because traffic is too busy.

04 산책을 하고 집에서 쉬었어요

학습 목표 ● 과제 주말 활동 이야기하기 ● 문법 −기 전에, −지 못하다 ● 어휘 운동 관련 어휘

두 사람은 무슨 이야기를 합니까?
웨이 씨는 무엇을 했습니까?

CD2: 56~57

정희   웨이 씨, 지난 주말에 뭘 하셨어요?

웨이   산책을 하고 집에서 쉬었어요. 정희 씨는 뭘 하셨어요?

정희   토요일에는 수영을 하고 일요일에는 탁구를 쳤어요.

웨이   주말마다 운동을 많이 하세요?

정희   탁구를 배우기 전에는 별로 많이 안 했어요.

웨이   탁구를 잘 치세요? 저는 잘 치지 못하는데 좀 가르쳐 주세요.

탁구를 치다
to play ping-pong

마다
every

배우다
to learn

별로
not much

어휘

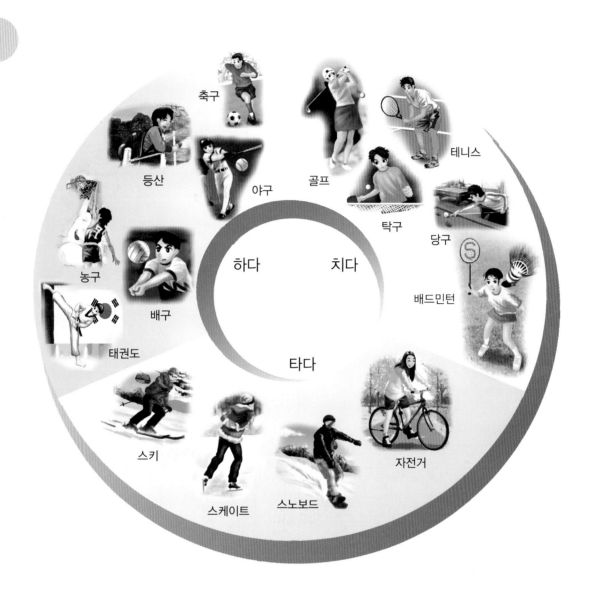

● 그림을 보고 쓰십시오.

공을 사용합니다	혼자 합니다	두 팀이 같이 합니다
[보기] 탁구	[보기] 스키	[보기] 야구

문법 연습

01

-기 전에

1) 한 문장으로 만드십시오.

[보기] 영화를 봅니다. 예매를 합니다.
➜ 영화를 보기 전에 예매를 해요.

❶ 식사합니다. 손을 닦습니다.

➜ _____

❷ 친구를 만납니다. 숙제를 합니다.

➜ _____

❸ 잠을 잡니다. 세수를 합니다.

➜ _____

2) 두 개를 골라 문장을 만드십시오.

수영하다	외출하다	화장하다	준비 운동하다
밥을 먹다	물을 마시다	이를 닦다	신발을 신다
거울을 보다	세수를 하다	샤워를 하다	머리를 감다
모니터를 켜다	컴퓨터를 켜다	구두를 닦다	구두를 신다

[보기] 수영하기 전에 준비 운동을 합니다.

－지 못하다

1) 문장을 만드십시오.

[보기] 수영을 해요.

➔ 수영을 하지 못해요.

❶ 한국 음식을 만들어요.

➔

❷ 탁구를 쳐요.

➔

❸ 운전을 해요.

➔

2) 표를 완성하십시오.

	친구 1	친구 2
[보기] 운전을 해요?		

[보기] 가: 운전을 해요?

나: 네, 할 수 있어요. / 아니요, 하지 못해요.

과제 1 읽고 말하기

● 읽고 대답하십시오.

> 한국에서는 주말이나 휴일에 집에서 TV를 보거나 쉬는 사람이 제일 많습니다. 2000년 조사 (1999. 7. 16 ~ 2000. 7. 15)를 보면 주말과 휴일을 보내는 방법으로 TV 보기가 62.7%, 집에서 쉬기가 50.7%, 집안일이 33.5%였습니다. 그리고 친구를 만나는 사람은 32.3%, 여행은 15.1%, 컴퓨터 12.5%, 극장 10.1%, 스포츠 8%, 취미 활동은 3.2%였습니다.
> 그리고 여행을 가는 사람들은 관광지에 가는 사람(43%)이 제일 많았고, 다음은 놀이 공원(28.3%), 해수욕장(21.8%), 온천(21.8%), 산(11.4%), 스키장(4.6%)이었습니다.

01 표를 완성하십시오.

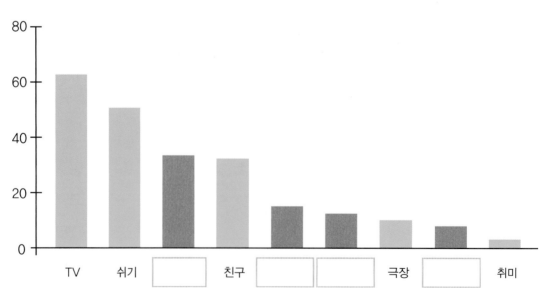

02 한국 사람들이 여행을 제일 많이 가는 곳은 어디입니까?

❶ 경주   ❷ 롯데월드   ❸ 바다   ❹ 북한산

03 맞으면 O, 틀리면 X 표시를 하십시오.

1) 주말에 밖에 나가는 사람보다 집에 있는 사람들이 더 많습니다. (　　)
2) 주말에 취미 활동을 하는 사람들은 별로 많지 않습니다.   (　　)
3) 한국 사람들은 방학이나 휴가 때 보통 집에서 쉽니다.   (　　)
4) 여행을 가는 한국 사람들은 관광지에 제일 많이 갑니다.   (　　)

과제 2   쓰고 읽고 말하기 ●━━━━━

01 여러분은 지난 주말에 무엇을 했습니까? 간단하게 쓰십시오.

....

....

02 쓴 것을 친구들과 나누어 읽어 보고 누구의 주말 이야기인지 맞혀 봅시다.
왜 그렇게 생각합니까?

-거나 or   **조사** research   **보내다** to spend (time)   **방법** method   **집안일** house chores   **스포츠** sport
활동 activity   **관광지** tourist spot   **놀이 공원** amusement park   **온천** hot spring

Dialogue

Junghee	Wei, what did you do last weekend?
Wei	I took a walk and relaxed at home. What did you do?
Junghee	I went swimming on Saturday and played ping-pong on Sunday.
Wei	Do you get lots of exercises every weekend?
Junghee	I didn't get much before I learned to play ping-pong.
Wei	Do you play ping-pong well? I can't play well Can you teach me?

문법 설명

01 -기 전에

It is used with an action verb stem to indicate that one action took place before other actions.

• 밥을 먹기 전에 손을 씻어요.	Before I eat, I wash my hands.
• 한국에 오기 전에 한국말을 하나도 몰랐어요.	I didn't know a single Korean word before I came to Korea.
• 수영을 하기 전에 준비 운동을 하세요.	Warm up before swimming.
• 여행하기 전에 준비할 게 많아요?	Are there many things to prepare before traveling?
• 물건을 사기 전에 계획을 세워요.	You must plan before you buy something.

In front of a noun, '-전에' is used instead of '-기 전에'

- 10분 전에 전화가 왔어요.   There was a phone call 10 minutes ago.
- 한 달 전에 고향에 다녀왔어요.   I visited my hometown one month ago.
- 1년 전에 졸업했어요.   I graduated a year ago.

02 −지 못하다

It is used with an action verb to mean 'not being able to', or 'having no capability of'.

- 한자를 몰라서 신문을 읽지 못해요.   I can't read the newspaper because I don't know Chinese characters.
- 어제 잠을 잘 자지 못해서 피곤합니다.   I'm tired because I didn't sleep well yesterday.
- 술은 한 방울도 마시지 못해요.   I can't drink alcohol at all. Not even a sip.
- 약속을 지키지 못해서 죄송합니다.   I'm sorry that I couldn't keep the appointment.
- 저는 노래를 잘 부르지 못합니다.   I can't sing well.

정리해 봅시다

● 읽어 봅시다 [CD2: 58]

1. 뭘 하실 거예요?

2. 제 취미는 사진 찍기예요

3. 예매할 수 있어서 편해요

4. 뭘 하셨어요?

● 확인해 봅시다

I

공통된 말을 찾으십시오.

[보기] 한국, 일본, 영국, 호주, 베트남 　　　| 나 | 라 |

1) 컴퓨터 게임, 요리, 낚시, 바둑, 여행 　　　| | |

2) 공포, 만화, 액션, 멜로, 전쟁 　　　| | |

3) 골프, 스키, 야구, 태권도, 농구 　　　| | |

4) 맑다, 흐리다, 구름, 바람, 춥다 　　　| | |

5) 선생님, 학생, 칠판, 교실, 교과서 　　　| | |

6) 카드, 케이크, 꽃, 선물, 미역국 　　　| | |

7) 눈, 종이, 와이셔츠, 우유, 구름 　　　| | | |

위와 같이 문제를 만드십시오.

8) _____

9) _____

10) _____

정리

II

아래에서 3~4개를 골라 주말 계획을 이야기하십시오.

–으려고 하다	–을 때	중에서 제일	별로
–을 수 있다/없다	에 쯤	–기 전에	

[보기] 영화

가: 주말에 뭘 할 거예요?

나: 영화를 보*려고 해요.*

가: 어떤 영화를 좋아해요?

나: 영화 *중에서* 멜로 영화를 *제일* 좋아해요.

가: 얼마나 자주 봐요?

나: 두 달*에* 한 번*쯤* 봐요.

가: 한국 영화도 *이해할 수 있어요?*

나: 아니요, 그렇지만 어학당에서 한국 영화를 *볼 때* 영화를 *보기 전에*
　　이야기해 줘서 조금 이해할 수 있어요.

1) 운동

가: _____

나: _____

가: _____

나: _____

가: _____

나: _____

가: _____

나: _____

정리

2) 여행

가: _____

나: _____

가: _____

나: _____

가: _____

나: _____

가: _____

나: _____

Ⅲ

01 다음 중 한 개를 친구들에게 질문하십시오. 그리고 결과를 발표하십시오.

우리 반 취미 생활

1. 취미가 뭐예요?

   취미 활동을 얼마나 자주 하세요?

   왜 그 취미 생활을 시작했어요?

2. 어떤 영화를 좋아해요?

   영화를 얼마나 자주 봐요?

   영화 볼 때 먹는 음식이 있어요? 뭘 먹어요?

3. 가장 좋아하는 운동은 뭐예요?

   제일 잘하는 운동은 뭐예요?

   무슨 운동을 얼마나 자주 하세요?

4. 시간이 일주일쯤 있으면 어디로 여행을 가고 싶어요?

한국에서 제일 가고 싶은 곳이 어디예요?

여행을 자주 해요? 얼마나 자주 해요?

5. (직접 만드십시오.)

[보기] 우리 반 친구들은 TV 보는 것을 제일 좋아해요. 우리 반 60%의 취미가 TV보기예요. 특히, 드라마를 많이 봐요. 우리 반 친구들이 제일 많이 본 한국 드라마는 '대장금'이에요. 그리고 그 다음으로 영화 보는 것도 좋아하고 운동도 많이 해요. 운동 중에서는 조깅을 제일 많이 해요.

02 친구들의 취미 생활에 대한 글을 쓰십시오.

제임스가 본 한국

Korean Movies

I like to watch movies at a DVD room. I like this because whenever I get bored or stressed, I can go there by myself or with friends and choose whatever movie I like and watch it comfortably. Also DVD movies have English subtitles so they are easy to understand. Plus watching movies is helpful in studying Korean. Which movies do I like? I categorized Korean movies I like by type, and director here.

이 중에 여러분이 본 영화가 있습니까? 어떤 영화가 재미있을 것 같아요?

멜로 영화 (melodrama)

가족 영화 (family drama)

분단 관련 영화 (movies about two divided Korea)

Fun singing-rooms

If you come to Korea you'll see various 'rooms'. There are singing-rooms, game-rooms, DVD-rooms, sauna-rooms, laundry-rooms.... Among these, people probably love singing rooms the most. It seems like Koreans love singing, because you can see singing-rooms everywhere.

After getting together, with family or friends, people often go to a singing-room after a meal. At the singing-room, people put their arms around each other's shoulders, sing, dance and play the tambourine. It's a fun atmosphere. I was a little shy at first singing in front of many people, but thanks to my friends who sang along, I soon got used to it. Now it is natural for me to go to a singing-room.

여러분은 노래방에 가면 무슨 노래를 부르세요?

듣기 지문

6과 2항 과제 2

주인   어서 오십시오.

정희   가방 좀 보여 주세요.

주인   이 가방이 어떻습니까?

정희   글쎄요, 그건 좀 작아요.

주인   작지만 아주 싸고 예쁩니다.

정희   저는 저 큰 가방을 사고 싶어요.

주인   그 가방은 좀 비쌉니다.

정희   그럼 좀 싸고 큰 가방은 없어요?

주인   죄송합니다. 다른 가방이 없습니다.

정희   그럼, 다음에 다시 오겠습니다.

주인   네, 고맙습니다. 다음에 또 오십시오.

6과 3항 과제 2

1.

주인   어서 오십시오.

손님   사과 좋은 거 있어요?

주인   있습니다. 이 사과 아주 달고 맛있습니다.

손님   얼마예요?

주인   한 개에 1,000원입니다.

손님   이 귤은 얼마예요?

주인   세 개에 1,000원입니다.

손님   사과 다섯 개 하고 귤 세 개 주세요.

2.

손님   이 스웨터 얼마예요?

주인   한 벌에 45,000원입니다. 입어 보십시오.

손님   좀 작아요.

주인   그럼 저 파란 스웨터는 어떻습니까?

손님   얼마예요?

주인   50,000원입니다. 아주 좋습니다.

손님   그럼 저 파란 스웨터로 주세요.

3.

손님   공책 좀 보여 주세요.

주인   여기 있습니다. 구경하십시오.

손님   이건 얼마예요?

주인   한 권에 800원입니다.

손님   볼펜은 얼마예요?

주인   한 자루에 1,500원입니다.

손님   공책 두 권하고 볼펜 한 자루 주세요.

7과 1항 과제 2

웨이   리에 씨, 집이 어디입니까?

리에   학교 근처입니다.

웨이   어떻게 갑니까?

리에   동문에서 왼쪽으로 올라가서 똑바로 갑니다.
           꽃가게 앞쪽에 우리 하숙집이 있습니다.

웨이   리에 씨 집은 산 쪽이네요. 우리 집은 신촌 쪽인데요.

리에   학교 정문 쪽입니까?

웨이   네, 백화점 근처에 있습니다.

리에   어떻게 갑니까?

웨이   정문 앞에서 백화점 쪽으로 똑바로 갑니다.
           백화점 앞에서 공원 쪽으로 조금 가면 공원 오른쪽에 식당이 있습니다. 그 식당
           앞 오피스텔입니다.

7과 3항 과제 1

1.

가 　이거 광화문 가요?

나 　네, 갑니다. 타세요.

가 　광화문까지 멉니까?

나 　아니요, 여기에서 5분쯤 걸립니다.

가 　제가 정류장을 잘 모르니까 가르쳐 주세요.

나 　네, 알겠습니다. 그리고 안내 방송을 하니까 걱정하지 마세요.

2.

가 　실례합니다만 이거 동대문 갑니까?

나 　아니요, 동대문은 저쪽에서 4호선을 타세요.

가 　고맙습니다. 그런데 동대문까지 얼마나 걸립니까?

나 　20분쯤 걸립니다.

3.

가 　여보세요, 죄송합니다만 이거 부산에 갑니까?

나 　네, 갑니다.

가 　서울에서 부산역까지 얼마나 걸립니까?

나 　3시간 반쯤 걸립니다.

가 　고맙습니다.

7과 4항 과제 1

가 　어서 오세요. 어디로 모실까요?

나 　남대문 시장으로 갑시다. 얼마나 걸립니까?

가 　20분쯤 걸립니다. 그런데 시장 안으로 들어갈까요?

나 　아니요, 시장 안은 복잡하니까 육교 앞에 세워 주세요.

가 　네, 다 왔습니다.

나 　고맙습니다. 얼마입니까?

가 　5,300원입니다.

나 　여기 있습니다.

가 　네, 700원 여기 있습니다. 안녕히 가십시오.

8과 1항 과제 2

제임스   마리아 씨, 내일 시간 있으세요?

마리아   글쎄요, 지금 잘 모르겠어요. 이따가 저녁에 전화 주세요.

제임스   그럼 전화번호 좀 가르쳐 주세요.

마리아   네, 집 전화번호는 2124-3479이고 휴대폰은 011-214-3479예요.

제임스   저녁에 제가 전화하겠습니다.

마리아   네, 그러세요. 아, 9시부터는 밖에서 친구를 만나니까 핸드폰으로 전화하세요.

제임스   8시 반 쯤 전화할게요.

마리아   네, 그러세요. 전화 기다릴게요.

8과 2항 과제 2

제임스   여보세요, 리에 씨 좀 바꿔 주세요.

아저씨   몇 번에 거셨어요?

제임스   2134-3469 아니에요?

아저씨   아닙니다. 잘못 거셨습니다.

제임스   정말 죄송합니다.

리에   여보세요.

제임스   여보세요. 리에 씨 계세요?

리에   바로 전데요. 제임스 씨예요?

제임스   네, 제임스예요.

리에   웬일이세요?

제임스   네, 리에 씨, 웨이 씨 전화번호를 몰라서요.

리에   집이요? 휴대폰이요?

제임스   휴대폰이요. 번호 좀 가르쳐 주세요.

리에   잠깐만요. 웨이 씨 휴대폰은 019-315-3894예요.

제임스   네, 고맙습니다. 리에 씨. 내일 학교에서 만나요.

리에   네, 그래요. 제임스 씨.

8과 4항 과제 1

하숙집 주인	여보세요?
민철	여보세요? 연세 하숙집입니까?
하숙집 주인	네, 그렇습니다. 누굴 찾으세요?
민철	실례지만 영수 씨 좀 바꿔 주세요.
하숙집 주인	영수 씨 지금 안 계신데요.
민철	그럼 리에 씨 계십니까?
하숙집 주인	리에 씨는 지금 친구와 통화중인데요.
민철	그럼 누구 다른 사람 있어요?
하숙집 주인	제임스 씨하고 정희 씨가 있어요.
민철	그럼 제임스 씨 좀 바꿔 주세요.
하숙집 주인	네, 잠깐만 기다리세요.

9과 2항 과제 2

밤에 남쪽 지방에 비가 내렸습니다.
전남 지방에는 많은 비가 내리기도 했는데요.
지금도 비가 조금 오는 곳이 있지만 이번 비는 오늘 오전에 그치겠습니다.
오늘 서울은 비가 내리지는 않겠고 흐린 후 맑겠습니다.
전국에 강한 바람이 불겠습니다.
날씨였습니다.

9과 4항 과제 2

정희	주말에 무엇을 하실 거예요?
과장	날씨가 따뜻해서 가족들과 같이 소풍을 갈 거예요.
정희	어디에 갈 거예요?
과장	강릉에 갈 거예요.
	강릉은 바다도 볼 수 있고 산이 있어서 등산도 할 수 있어요.
	요즘 꽃이 많이 피어서 산이 아름다울 것 같아요.
정희	수영도 할 거예요?
과장	아니요, 아직 좀 추울 것 같아요.
	아이들과 배를 타고 바다 구경을 할 거예요.

10과 2항 과제 2

웨이   리에 씨, 토요일 오후에 뭘 하세요?

리에   제 취미가 그림 그리기예요. 그래서 공원에 가서 그림을 그리려고 해요.

웨이   저도 공원에서 경치를 찍을 거예요. 같이 가요.

리에   그래요. 제임스 씨도 같이 가요.

제임스   저는 토요일 오후에 집에서 소설책을 읽고 싶어요.

웨이   공원에서 책을 읽는 사람들도 많아요. 같이 가요.

           공원 옆에는 서울에서 제일 큰 책방도 있어요.

제임스   그래요? 그럼 내일 아침에 전화해 주세요.

리에   네, 제가 전화할게요. 우리 모두 내일 오후에 공원에서 만나요.

10과 3항 과제 1

마리아   민철씨, '안녕, 형아' 봤어요?

민철   '안녕, 형아' 요? 그게 뭐예요? 책이에요?

마리아   아니요, 영화예요. 아직 안 보셨군요.

민철   네, 마리아 씨는 보셨어요? 어떤 영화예요?

마리아   네, 어제 친구와 같이 봤어요. 가족 영화예요.

민철   재미있어요?

마리아   네, 슬프고 감동적이에요. 러시아에 있는 가족들이 보고 싶었어요.

민철   주인공이 누구예요?

마리아   9살 남자 아이예요. 영화 속에서 이 아이의 형이 병 때문에 많이 아파요.

           병에 걸린 형과 9살 된 동생, 그리고 부모님이 나와요.

민철   형이 죽어요?

마리아   그건 말할 수 없어요. 민철 씨도 꼭 보세요.

           가족과 같이 보면 더 좋을 거예요.

민철   그 영화를 보고 울었어요?

마리아   네, 민철 씨도 꼭 손수건을 가지고 가세요.

YONSEI KOREAN 1

색인
- 문법 색인
- 어휘 색인

문법 색인

어휘 색인

Y O N S E I   K O R E A N 1